これだけは押さえておきたい！

介護保険制度の
用語事典

福島敏之 著

中央法規

はじめに

　介護保険は皆様の業務に密接に関係している制度です。だからこそ、その理解は必須といえるでしょう。しかし、難解な用語が多く、現場の実務を具体的にイメージすることが難しいことも多いのが現状です。

　そこで本書は、介護保険制度を理解するうえで "これだけは押さえておきたい！" という 319 用語を掲載しました。各用語の解説は平易な表現で現場業務を想起させる内容とし、さらに図解やイラストを加えることで、理解のしやすさと合わせて、皆様の実務にも活かしやすい構成です。

　活字離れが顕著な昨今—。読むこと、調べることが苦手な方でもストレスなくご活用いただける "現代版の事典"。是非、本書を皆様の現場でご活用いただけますと幸いです。

　　　　　　　福島敏之

CONTENTS

保険者と関係機関

被保険者と保険料

カテゴリー3

要介護認定

利用者との契約

ケアマネジメント

カテゴリー6

介護行為

カテゴリー 7

介護保険サービス

カテゴリー 10

地域支援事業、地域包括支援センター

認知症・精神疾患

インフォーマル
サポート

カテゴリー 13

運営管理・ICT 活用

カテゴリー 14

担い手

家族支援

権利擁護

他法・他制度

① 保険者と関係機関

───── 押さえておきたいことばの一覧 ─────

- 保険者
- 一部事務組合
- 広域連合
- 指定市町村事務受託法人
- 老人福祉計画
- 介護保険事業計画
- 介護保険事業支援計画
- 地域福祉計画／
  地域福祉支援計画

- 介護保険審査会
- 行政不服審査制度／
  審査請求
- インセンティブ交付金
- 国民健康保険団体連合会
  （国保連）
- 社会保険診療報酬支払
  基金
- 社会福祉協議会

- 介護サービス情報の公表
  制度
- 苦情処理
- 運営適正化委員会
- 福祉サービス第三者評価

介護保険の保険者（運営主体）は市町村および特別区（以下、「市町村」）。市町村は第1号被保険者から保険料を徴収し、第2号被保険者の保険料を医療保険者経由で徴収して、要介護・要支援の人に保険給付を行っています。サービス見込み量を割り出して、必要となる財源規模を確定するための「介護保険事業計画」を3年に1度、策定しています。

保険者

保険事業の運営主体

社会保険や民間保険などの保険事業について、事業を実施する運営主体のこと。加入者（被保険者）から継続して保険料の納付を受け、保険事故発生時に定められた給付を行います。介護保険は市町村、年金は国、医療保険は市町村・都道府県や公法人（健康保険組合や全国健康保険協会（協会けんぽ）など）が担います。生命保険や損害保険など民間保険の保険者は、各保険会社です。

介護保険では、サービス基盤整備の効率化や保険財政の安定化のため、複数の市町村が広域連合や一部事務組合を組織して、保険者の業務を共同で行うことも認められています。

保険料

給付

被保険者　（サービス事業者を通じた現物給付）　保険者（市町村）

保険者の主な業務

- ●被保険者の資格管理
- ●保険料の設定と徴収
- ●要介護認定・要支援認定
- ●保険給付
- ●地域密着型サービス事業者に対する指定・指導監督
- ●地域支援事業
- ●介護保険事業計画の策定

一部事務組合

いち ぶ じ む くみあい

行政事務を複数自治体で共同処理

地方自治法上の特別地方公共団体の一つで、複数の市町村等が消防、ごみ処理、火葬など、行政サービスの一部を共同して処理するために設置された組織。介護保険の事務を扱っているケースもあります。類似の組織として「広域連合」がありますが、一部事務組合は広域連合と比較して、①住民による直接請求のしくみがない、②国・都道府県からの権限委譲の受け皿とはなれない――などの違いがあります。

広域連合

こう いきれんごう

広域の行政事務を担う組織体

地方自治法上の特別地方公共団体の一つで、広域にわたって処理することが適当とされる行政サービス（例：後期高齢者医療制度の運営）を実施するため、圏域内の市町村等によって設置された組織。介護保険の事務を担っている広域連合もあります。構成団体の市町村等の役割分担も含めた「広域計画」という計画を立てることが義務づけられていて、その範囲内で市町村等に勧告する権限が付与されているなど、一部事務組合に比べて独立性が高くなっています。国・都道府県からの権限委譲の受け皿にもなれます。

1 保険者と関係機関
2 被保険者と保険料
3 要介護認定
4 利用者との契約
5 ケアマネジメント
6 介護行為

1 保険者と関係機関

2 被保険者と保険料

3 要介護認定

4 利用者との契約

5 ケアマネジメント

6 介護行為

指定市町村事務受託法人
（してい し ちょうそんじ む じゅたくほうじん）

介護保険業務のアウトソーシング

　介護保険法に基づき、保険者（市町村）から委託を受けて保険者事務の一部を実施する法人として、都道府県から指定を受けた法人のこと。保険者が指定市町村事務受託法人に委託できる事務は、次の2点です。

①要介護認定調査
（調査はケアマネジャーの資格を有する者が実施）

②サービス担当者等に対する質問、照会

老人福祉計画
（ろうじんふく し けいかく）

全高齢者対象の福祉施策を収載

　介護を必要とする人だけでなく、すべての高齢者を対象とした福祉施策を総合的に推進するための基本指針として、市町村や都道府県が目指すべき基本的な考え方や政策目標を定め、その実現に向けて取り組むべき課題や施策を明らかにするために策定する計画。市町村が定める「市町村老人福祉計画」と、都道府県が定める「都道府県老人福祉計画」があります。「高齢者保健福祉計画」と称することもあります。3年を1期として、介護保険事業計画と一体的に策定されます。

介護保険事業計画
（かい ご ほ けんじ ぎょうけいかく）

3年に1度の保険料額改定のため、サービス量見込みを推計

　介護保険の保険者である市町村が、域内における要介護者等の人数や介護保険サービスの利用意向を踏まえ、サービスの見込み量、それを確保するための方策、事業運営に必要な財政規模、地域密着型の施設等の必要利用定員総数など、必要事項を定めた計画のこと。3年を1期として、市町村老人福祉計画と一体的に策定されます。この計画に基づいて、第1号被保険者の保険料額が設定されます。

市町村老人福祉計画 （老人福祉法第20条の8）
- ● 高齢者施策に関する基本的方向や目標を設定
- ● その実現に向けて取り組むべき施策全般

一体的に策定
介護保険法
第117条第6項

- ● 介護保険の対象サービスごとに、サービスの見込み量を設定
（介護保険料算定のための介護保険給付費予測）

介護保険事業計画 （介護保険法第117条）

介護保険事業支援計画

施設等の必要定員総数を設定

　都道府県が域内の状況を把握のうえ、市町村への支援や広域的調整を要する事項なども含めて課題、目標、施策について定めた計画のこと。3年を1期として、都道府県老人福祉計画と一体的に策定されます。

　同計画では、老人福祉圏域ごとに「介護保険施設等の種類ごとの必要入所定員総数」も定められ、都道府県知事は供給が当該必要入所定員総数を超える場合、指定等を拒否する権限が与えられています。

地域福祉計画／地域福祉支援計画

分野横断の地域生活課題に対応

　地域住民等の参加を得て地域の生活課題を明らかにしたうえで、その解決に必要な施策について、目標や実施体制を示した計画のこと。高齢者福祉、障害者福祉、児童福祉その他の福祉の各分野における共通的な事項を記載する、いわゆる「上位計画」という位置づけであり、その策定は市町村と都道府県の「努力策定」とされています（社会福祉法第107条および第108条）。市町村が策定する計画は「地域福祉計画」、都道府県が策定する計画は「地域福祉支援計画」と称します。

介護保険審査会

介護保険の不服申立を審理・裁決

　要介護認定や介護保険料の徴収など、介護保険の保険者である市町村が行った行政処分について、被保険者から不服申立（審査請求）を受け付けて、その処分が法令・基準等に基づいて適正に行われていたかどうかを審査する、中立的な第三者機関のこと。介護保険法第184条の規定に基づき、各都道府県に設置されています。審査の結果、申立内容が妥当と判断されれば、裁決により処分の全部または一部が取り消され、市町村が改めて処分をやり直すことになります。

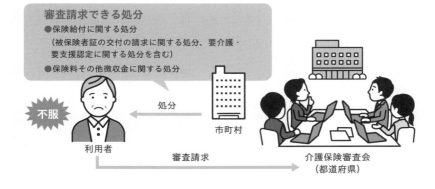

審査請求できる処分
- 保険給付に関する処分
  （被保険者証の交付の請求に関する処分、要介護・要支援認定に関する処分を含む）
- 保険料その他徴収金に関する処分

不服　利用者　←　処分　市町村

審査請求　→　介護保険審査会（都道府県）

1 保険者と関係機関
2 被保険者と保険料
3 要介護認定
4 利用者との契約
5 ケアマネジメント
6 介護行為

1 保険者と関係機関

2 被保険者と保険料

3 要介護認定

4 利用者との契約

5 ケアマネジメント

6 介護行為

行政不服審査制度／審査請求

ぎょうせい ふ ふくしん さ せい ど　しん さ せいきゅう

国や自治体による行政処分を審査

　国や自治体が下した処分によって不利益や権利侵害を受けたり、国や自治体に不作為（法令に基づく申請に対して何らの処分をもしないこと）があった場合に、国民が簡易迅速かつ公正な手続きのもとで不服を申し立てられるように定められた制度。この制度のもとで行われる不服申立手続きを「審査請求」といいます。審査の結果、申立内容が妥当と判断されれば、処分取消し等の裁決が下されます。

　処分取消し等を求める手段として、行政を相手取って裁判で争う方法（行政訴訟）もありますが、審査請求は①書面で行うことができ、②おおむね裁判よりも短い期間で結論を得られ、③手続きに費用がかからないというメリットがあります。

　審査請求できる期間は以下のとおりです。

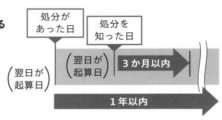

インセンティブ交付金

こう ふ きん

給付内容の合理性を検証する営み

　高齢者の自立支援・重度化防止や介護予防につながる取り組みを積極的に行った都道府県・市町村に対して、より多くの財源を配分することで、さらなる取り組みを促し、結果として国全体で自立支援・重度化防止・介護予防のレベルの底上げを図る制度（または配分される交付金）のこと。財政上の優遇による政策誘導（インセンティブ）であり、2018年度に創設された「保険者機能強化推進交付金」と、2020年度に創設された「介護保険保険者努力支援交付金」をあわせて、「インセンティブ交付金」と呼称します。

　あらかじめ定められた評価指標（2023年度は都道府県44項目、市町村62項目）によって達成状況を評価し、その得点が交付金の配分に反映されます。

評価指標の区分

・PDCAサイクルの活用による保険者機能の強化
・ケアマネジメントの質の向上
・多職種連携による地域ケア会議の活性化
・在宅医療・介護連携
・認知症総合支援

・介護予防の推進
・生活支援体制の整備
・要介護状態の維持・改善の状況等
・介護給付適正化事業の推進
・介護人材の確保

国民健康保険団体連合会（国保連）

国保関連業務の受け皿であり、介護報酬の審査・支払や苦情処理も担当

国民健康保険の保険者である都道府県および市町村が、共同してその目的を達成するために設立している都道府県単位の公法人。介護保険に関しては、①サービス事業所・施設から寄せられる介護報酬の請求に対する審査・支払、②介護サービスの質の向上に関する調査とサービス事業者・施設に対する指導・助言（苦情処理業務）などを担っています。

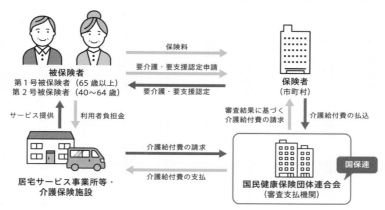

保険料
要介護・要支援認定申請
要介護・要支援認定

被保険者
第1号被保険者（65歳以上）
第2号被保険者（40〜64歳）

保険者
（市町村）

サービス提供　利用者負担金

審査結果に基づく
介護給付費の請求　　介護給付費の払込

居宅サービス事業所等・
介護保険施設

介護給付費の請求
介護給付費の支払

国保連

国民健康保険団体連合会
（審査支払機関）

社会保険診療報酬支払基金

医療保険制度の審査・支払ほか、介護保険第2号保険料の徴収・交付も担当

主として被用者保険の医療保険者から委託を受けて、診療報酬の「審査」および「支払」を実施する公法人。介護保険に関しては、第2号被保険者の介護保険料について、各医療保険者から「介護給付費・地域支援事業支援納付金」として徴収し、市町村に「介護給付費交付金」「地域支援事業支援交付金」として交付する役割を担っています。

社会福祉協議会

社会福祉活動推進の担い手

社会福祉活動の推進を目的に、全国・都道府県・市町村単位で設置されている団体。地域住民が住み慣れたまちで安心して生活することのできる「福祉のまちづくり」の実現を目指した諸活動を行っています。

社会福祉協議会

主な業務内容
● 住民の地域福祉活動に対する支援
● ボランティア・市民活動の推進・支援
● 生活福祉資金等の貸付
● 日常生活自立支援事業
● 地域での生活支援に向けた相談・支援
　活動、情報提供や連絡調整
● 在宅福祉サービスの提供

1 保険者と関係機関

2 被保険者と保険料

3 要介護認定

4 利用者との契約

5 ケアマネジメント

6 介護行為

1 保険者と関係機関

2 被保険者と保険料

3 要介護認定

4 利用者との契約

5 ケアマネジメント

6 介護行為

介護サービス情報の公表制度

事業所・施設の比較検討を容易に

　介護保険制度のもとでサービスを提供する原則すべての事業所・施設が、サービス内容や運営状況などの情報を年1回都道府県に報告し、これを都道府県が整理して、インターネット上に公表するしくみのこと。利用料金、サービス提供時間、職員体制など、事業所・施設選びの際に参考となる情報が統一されたフォーマットで掲載され、誰でも無料で検索・閲覧できます。なお、都道府県への報告は介護保険法上の義務として位置づけられ、都道府県が報告内容について調査が必要だと認めた場合、事業所に対して訪問調査を行うことができます。

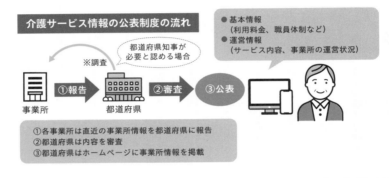

介護サービス情報の公表制度の流れ

都道府県知事が必要と認める場合

※調査

事業所　①報告　都道府県　②審査　③公表

●基本情報
（利用料金、職員体制など）
●運営情報
（サービス内容、事業所の運営状況）

①各事業所は直近の事業所情報を都道府県に報告
②都道府県は内容を審査
③都道府県はホームページに事業所情報を掲載

苦情処理

相談受付→改善措置→結果通知

　介護サービスに関する苦情相談を受け付け、必要に応じて調査を実施し、「改善が必要」と判断された場合はしかるべき改善策を講じ、それら一連の顛末を苦情申出者に結果通知する業務のこと。苦情受付の窓口は、①サービス事業者・介護施設（苦情を訴えられる側の当事者）、②居宅介護支援事業者（利用者と事業者の間を調整する立場）、③市町村（保険者・基礎自治体の立場）、④国保連（制度上の苦情処理担当機関）、⑤都道府県（指定権者・広域行政の立場）の各レベルに設置されていますが、①または②のレベルで解決をみることが望ましいとされます。

サービスに関する苦情相談窓口がある機関

サービス事業者　居宅介護支援事業所　市町村　国保連　都道府県

苦情

運営適正化委員会

うんえいてきせいかいいんかい

福祉サービスの苦情処理を担う機関

社会福祉法に規定される第一種および第二種社会福祉事業（特別養護老人ホーム、障害者支援施設、保育所など）とその類似サービスについて、苦情相談を受け付けて、解決に向けて助言や調査、あっせんなどを行う機関。都道府県社会福祉協議会に設置されています。まずは当事者間（事業者⇔利用者）の話し合いが優先され、解決に至らなかった場合等に"出番"となります。なお、介護保険サービスに関する苦情の窓口は、運営適正化委員会ではなく、市町村の介護保険担当課または国保連となります。

①利用者から苦情を受け付け、相談に応じる
②利用者の同意を得て事業者に苦情を伝え、必要に応じて助言する
③利用者の申し出により、事業者の同意を得て苦情に関する調査を行い、結果を申出人に通知する
④必要に応じて事業者に改善を申し入れる
⑤調査結果に納得がいかないときは、申出人からの申請により、事業者の同意を得て、苦情の解決に向けた「あっせん」を行う
⑥処遇に虐待等不当な行為のおそれがあると認めるときは、都道府県知事に対しその旨を通知する

福祉サービス第三者評価

ふくしだいさんしゃひょうか

事業者のサービスの質を知る

福祉サービス事業者が提供するサービスの質について、公正・中立な立場の第三者評価機関が専門的かつ客観的に評価し、その結果を公表するしくみのこと。利用者にとっては事業者選択にあたっての有効な検討材料となり、事業者にとっては自らの強みや改善点が明らかになることで、PRやサービスの質の向上に役立てることができます。

福祉サービス事業者は、都道府県推進組織の認証する第三者評価機関を選んで契約を交わし、書面調査や訪問調査を受けます。

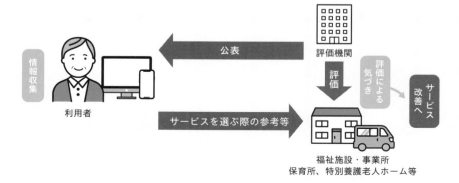

1 保険者と関係機関
2 被保険者と保険料
3 要介護認定
4 利用者との契約
5 ケアマネジメント
6 介護行為

カテゴリー

② 被保険者と保険料

カテゴリー ② 被保険者と保険料

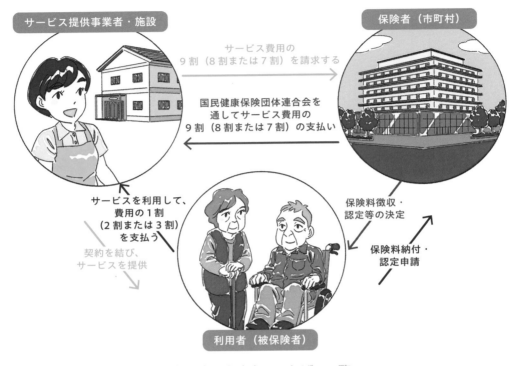

サービス提供事業者・施設

保険者（市町村）

サービス費用の
9割（8割または7割）を請求する

国民健康保険団体連合会を
通してサービス費用の
9割（8割または7割）の支払い

サービスを利用して、
費用の1割
（2割または3割）
を支払う

契約を結び、
サービスを提供

利用者（被保険者）

保険料徴収・
認定等の決定

保険料納付・
認定申請

───── 押さえておきたいことばの一覧 ─────

- 第1号被保険者
- 第2号被保険者
- 特定疾病
- 適用除外
- 介護保険の被保険者以外
の者
- みなし2号／H番号
- 住所地特例

- 保険料／介護保険料
- 第1号保険料
- 基準額
- 第2号保険料
- 特別徴収
- 普通徴収
- 介護保険被保険者証
- 介護保険受給資格証明書

- 保険料減免／徴収猶予
- 保険給付の制限
- 給付の償還払い化
- 給付の一時差し止め
- 給付額減額
- 滞納処分

国内に住所を有する40歳以上の人は、原則としてみな介護保険制度に加入して「被保険者」となり、保険料を納めなければなりません。保険料は、65歳以上の被保険者（第1号被保険者）については所得段階ごとに定められ、原則として年金から天引きされます。40〜64歳の被保険者（第2号被保険者）は医療保険料と合わせて一括徴収されます。

1 保険者と関係機関

2 被保険者と保険料

3 要介護認定

4 利用者との契約

5 ケアマネジメント

6 介護行為

第1号被保険者

受給資格を持つ65歳以上の国内居住者

　国内に住所を有する40歳以上の人は、原則としてみな介護保険制度に加入し、保険料を納めなければなりません（外国籍の人も、住民登録をしていれば同様）。その代わり、要介護または要支援状態となったとき、必要なサービスを受けることができます。これに該当する人を介護保険の「被保険者」といい、そのうち65歳以上の人のことを「第1号被保険者」といいます。

第1号被保険者
（65歳以上の住民）
保険料 → 給付 ←
保険者
（居住地の市町村）

第2号被保険者

受給資格を持つ40～64歳の国内居住者

　介護保険の被保険者のうち、40歳以上65歳未満で、かつ、「医療保険加入者」である人のこと。原則、生活保護の被保護者は該当しません。

　要介護または要支援状態となったとき、保険給付として必要なサービスを受けられるのは第1号被保険者と共通していますが、第2号被保険者の場合は、その原因が特定疾病である場合に限られます。

特定疾病で要介護等になった場合に限る

医療保険者　　第2号被保険者
（40～65歳未満の住民）
保険料 →　　　給付 ←
保険者
（居住地の市町村）

特定疾病

これを原因とする要介護・要支援であれば、40～64歳でも受給できる

　加齢に伴って生ずる心身の変化に起因し、要介護状態や要支援状態の原因となり得る疾病であるとして介護保険法施行令で定められた、以下の16の疾病のこと。

①末期がん、②関節リウマチ、③筋萎縮性側索硬化症、④後縦靱帯骨化症、⑤骨折を伴う骨粗鬆症、⑥初老期における認知症、⑦進行性核上性麻痺、大脳皮質基底核変性症及びパーキンソン病、⑧脊髄小脳変性症、⑨脊柱管狭窄症、⑩早老症、⑪多系統萎縮症、⑫糖尿病性神経障害、糖尿病性腎症および糖尿病性網膜症、⑬脳血管疾患、⑭閉塞性動脈硬化症、⑮慢性閉塞性肺疾患、⑯両側の膝関節または股関節に著しい変形を伴う変形性関節症

適用除外

介護保険の被保険者とならないケース

　他制度によって介護保険と同等のサービスが提供されている以下の施設の入院・入所者について、介護保険の被保険者とはしないものとするルールのこと。

介護保険適用除外施設

①指定障害者支援施設

②障害者支援施設

③医療型障害児入所施設

④指定発達支援医療機関

⑤国立重度知的障害者総合施設のぞみの園

⑥国立ハンセン病療養所等

⑦救護施設（生活保護法）

⑧労災特別介護施設

⑨療養介護を行う病院

1 保険者と関係機関

2 被保険者と保険料

3 要介護認定

4 利用者との契約

5 ケアマネジメント

6 介護行為

介護保険の 被保険者以外の者

40〜64歳の生活保護被保護者は 大半が介護保険の対象外

　「介護保険第2号被保険者の加入資格を持たない、40〜64歳の被保護者」のこと。生活保護の適用になると、自動的に国民健康保険の資格が失われるため、就労して勤務先の健康保険に加入している人を除き、介護保険第2号被保険者でもなくなります。特定疾病で要介護・要支援になったときには、障害者総合支援法による障害福祉サービスまたは生活保護制度の「介護扶助」で、一般の第2号被保険者並みの介護サービスが受けられます。

みなし2号／H番号

介護サービスを受ける 「介護保険の被保険者以外」の人

　「介護保険の被保険者以外の者」で、特定疾病により要介護・要支援になった人のことを表す造語。介護保険の被保険者ではないものの、そうみなしてサービスが保障されることから「みなし2号」と称されます。

40〜64歳の国内居住者

| 第2号 被保険者 | 介護保険の 被保険者以外 の者（前項参照） |

特定疾病で要介護等になった人が「みなし2号」

住所地特例

施設入所者に適用される特例

　介護保険制度の被保険者は原則として「居住する市町村」の被保険者となりますが、例外的に、他市町村の介護施設に入所・入居して住民票を施設所在地に移した場合、元いた市町村での被保険者資格が継続する特例ルールが適用されます。これを「住所地特例」といいます。

住所地特例対象施設

①介護老人福祉施設、②介護老人保健施設、③介護療養型医療施設、④介護医療院、⑤養護老人ホーム、⑥軽費老人ホーム、⑦有料老人ホーム、⑧有料老人ホームに該当するサービス付き高齢者向け住宅

保険料／介護保険料

被保険者が負う継続的な費用負担

　必要としたときに給付を受ける権利を得るために、被保険者が保険者に対して納める継続的な費用負担のこと。基金や共済の場合は「掛金」と称されます。

　介護保険制度では、保険者である市町村が、3年を1期とする介護保険事業計画で介護サービス等の必要量と供給の見通しを推計し、必要となる費用を算出して、1人あたりの平均的な保険料額（基準額）を決定することとしています。一人ひとりの保険料額は、所得に応じて決まる「応能負担」となっており、第1号被保険者と第2号被保険者とではその決まり方や納め方が異なります。

第1号保険料

第1号被保険者の介護保険料

　第1号被保険者が納付する保険料。被保険者一人ひとりの保険料額は、「基準額」に、所得段階ごとに定められた乗率を掛け合わせた額となります。この所得段階や乗率は、厚生労働省標準が定められ、それをもとに各保険者が自らの裁量で段階数を増やしたり、乗率を調整できることになっています。

　厚生労働省の定めた標準では、所得段階は「9段階」とされ、第1段階の保険料は「基準額×0.3」、第9段階は「基準額×1.7」となっています。

　納付方法は、①特別徴収（年金からの天引き）と②普通徴収の2通りがあります。

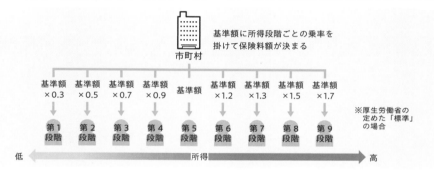

基準額

第1号被保険者が負担する、1人あたりの標準的保険料額

　各市町村が3年ごとに算定する、当該地域での第1号被保険者の標準的な保険料のこと。介護保険事業計画で「介護保険サービス給付費見込み額」（支出）を推計し、これを賄ううえで必要となる第1号被保険者からの保険料収入を算定して、第1号被保険者の人数で1人あたりの額に割り返したもの。これに、所得段階ごとの乗率を掛け合わせて、個人の保険料額が決まります。

第2号保険料

第2号被保険者の介護保険料

　第2号被保険者が納付する保険料。こちらは医療保険者（全国健康保険協会（協会けんぽ）、健康保険組合、国民健康保険など）によって、医療保険料と合わせて一括徴収されます。一人ひとりの保険料額は、医療保険者ごとにそれぞれの医療保険料の徴収ルールに合わせて、決められます。

1 保険者と関係機関
2 被保険者と保険料
3 要介護認定
4 利用者との契約
5 ケアマネジメント
6 介護行為

1 保険者と関係機関

2 被保険者と保険料

3 要介護認定

4 利用者との契約

5 ケアマネジメント

6 介護行為

特別徴収

とくべつちょうしゅう

年金から保険料天引き

介護保険の第1号保険料の徴収方法の一つ。第1号被保険者が一定額（年額18万円）以上の公的な老齢年金等を受給している場合について、日本年金機構が年金を支給する際に年金から保険料を天引きし、市町村に納入するしくみのこと。

日本年金機構

年金

保険料

市町村

保険料が控除され、残額が口座に振り込まれる

第1号被保険者

普通徴収

ふつうちょうしゅう

金融機関等で振込

介護保険の第1号保険料の徴収方法の一つ。第1号被保険者のうち一定額（年額18万円）に満たない老齢年金等の受給者について、市町村が直接、納付書を送付し、金融機関やコンビニエンスストアなどで支払ってもらう方式です。以下の場合も普通徴収の対象となります。

・4月1日の段階で、特別徴収の対象となる年金を受給していない。
・年度の途中でその市町村の第1号被保険者となった。
・年度の途中で保険料段階が変わった。
・年金の種類や金額が変更されたり、支払いが停止になった。

介護保険被保険者証

かいごほけんひほけんしゃしょう

被保険者資格を証明する証書

介護保険の被保険者であることを示す、保険者（市町村）が発行する証書。第1号被保険者については全員に交付され、第2号被保険者については16の特定疾病により要支援・要介護認定を受けた場合等に交付されます。

介護保険被保険者証を使う場面

・要介護・要支援認定の申請をするとき
・居宅サービス計画作成依頼の届け出をするとき
・介護サービスを利用するとき

介護保険受給資格証明書

かいごほけんじゅきゅうしかくしょうめいしょ

転居前の要介護認定を証明する書類

要介護認定または要支援認定を受けている人が他市町村に転出する際、転出元での要介護認定を証明する書類のこと。転居日の翌日から14日以内にこの書類を転出先の市町村に提出すれば、新たに認定調査や介護認定審査会の判定を受けなくても、それまでと同じ要介護認定が維持されます。

転居前の市町村

転居前後で要介護認定が維持される

転居後の市町村

「受給資格証明書」を受領

「受給資格証明書」を提出

保険料減免／徴収猶予

保険料納付が困難となった場合の手続き

災害によって世帯の財産に被害を受けたり、退職・倒産・廃業・営業不振等による所得の減少等で保険料の納付が困難な世帯について、介護保険料の納付を一部または全部免除するしくみを「保険料減免」、納付時期を一定期間猶予するしくみを「保険料徴収猶予」といいます。いずれも、被保険者が市町村に申請し、世帯の生活状況等の審査を経たうえで可否が決定されます。

● 「所得減少に対する減免」の申請に必要な書類

◎生活状況・収支内訳・資産・負債のわかる書類

（例）預金通帳、給与明細、確定申告書の控、家賃明細、公共料金・通信費の請求書、各種ローンの明細書、家計簿

保険給付の制限

保険料滞納者に対するペナルティ

介護保険料の滞納を防ぐとともに、納付している人と滞納している人の公平を保つために、一定の要件のもとで滞納者に対して課すこととしている給付上の制限のこと。滞納の期間に応じて、①給付の償還払い化→②給付の一時差し止め→③給付額減額という3段階の措置があります。

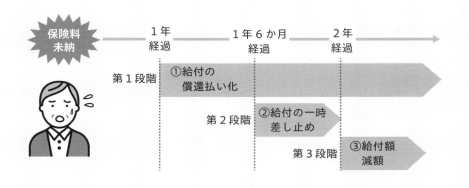

保険料未納 — 1年経過 — 1年6か月経過 — 2年経過

第1段階　①給付の償還払い化

第2段階　②給付の一時差し止め

第3段階　③給付額減額

1 保険者と関係機関
2 被保険者と保険料
3 要介護認定
4 利用者との契約
5 ケアマネジメント
6 介護行為

1 保険者と関係機関

2 被保険者と保険料

3 要介護認定

4 利用者との契約

5 ケアマネジメント

6 介護行為

給付の償還払い化

サービス利用料が全額払いに変更、後日申請して保険給付分が払い戻し

　介護保険料を滞納した場合の給付制限の一つで、1年以上滞納した被保険者を対象に、介護サービスの利用者負担の支払い方法を、いったん事業者に全額支払ったうえで、保険給付分（7割～9割）の払い戻しを受ける流れに変更する措置のこと。払い戻しは、そのつど、市町村に申請することになります。

1年以上滞納すると…

介護保険サービスの利用時の費用をいったん全額支払わなければなりません。

事業者　①サービス利用料を全額支払い　利用者　②申請書の提出　③保険給付分（9割・8割・7割）の払い戻し　市町村

給付の一時差し止め

保険給付分の払い戻しを申請しても、応じてもらえなくなる

　介護保険料を滞納した場合の給付制限の一つで、1年6か月以上滞納した被保険者を対象に、償還払いの申請をしても、滞納した保険料の納付がなければ申請に応じないものとする措置のこと。差し止めた保険給付額から滞納されている介護保険料相当額を差し引き、残額がある場合のみ払い戻す対応がとられることもあります。

1年6か月以上滞納すると…

滞納保険料が支払われるまで、償還払いの保険給付が差し止められます。

事業者　①サービス利用料を全額支払い　利用者　②申請書の提出　保険給付分（9割・8割・7割）の払い戻しが差し止め　市町村

給付額減額
きゅう ふ がくげんがく

利用者負担割合が引き上げられる

　介護保険料を滞納した場合の給付制限の一つで、2年以上滞納した被保険者を対象に、介護保険サービスを利用した際の利用者負担を、一定期間にわたって3〜4割負担に引き上げる措置のこと。滞納した保険料は、2年経つと時効によってさかのぼって納めることができなくなるので、利用者負担割合を上げることで給付を減らし、平仄（ひょうそく）をとります。引き上げ期間は滞納期間に応じて設定され、この期間中は高額介護サービス費も受給できなくなります。

2年以上滞納すると…

時効になった未納期間に応じて、利用者負担が一定期間引き上げられます。

②保険給付（7割または6割）

①サービス利用料の<u>自己負担分</u>を支払い

事業者　　　利用者　　　市町村

1割または2割負担の人は「3割負担」に
3割負担の人は「4割負担」に

滞納処分
たい のう しょ ぶん

保険料滞納者への強制徴収

　保険料（税）の滞納を続け、度重なる督促にも応じない人を対象に、調査で財産が発見された場合、財産を差し押さえ、公売等によって現金化し、滞納している保険料（税）に充てる一連の強制徴収手続きのこと。差し押さえ対象となる財産は、不動産、売掛金、給料、預貯金をはじめ、生命保険、自動車、有価証券、家賃収入、電化製品、宝石などの貴金属、骨董品、絵画等にもおよびます。

財産調査

【例】
・勤務先に対する給与などの
　支給状況の照会
・関係機関に対する貯蓄、
　生命保険、売掛金などの調査

財産の差し押さえ・換価

差し押さえ

【例】
・自宅、事業所などの捜索、財産
　の差し押さえ
・給与、預貯金口座、売掛金から
　の徴収、生命保険の解約・換価
・不動産の公売

1 保険者と関係機関
2 被保険者と保険料
3 要介護認定
4 利用者との契約
5 ケアマネジメント
6 介護行為

3

要介護認定

要介護認定

申請

認定調査

要介護
状態区分
「要介護1」
結果通知

──── 押さえておきたいことばの一覧 ────

- 要介護認定
- 一次判定
- 二次判定
- 要介護状態
- 要支援状態

- 非該当（自立）
- 認定調査
- 概況調査
- 基本調査
- 認定調査員

- 主治医意見書
- 介護認定審査会
- 要介護認定の有効期間

被保険者が介護保険サービスを利用するには、「要介護状態」や「要支援状態」にあるかどうか、どの程度の介護・支援が必要かについて、判定を受ける必要があります。本人等への聞き取り調査と主治医意見書をコンピュータ分析して、結果を介護認定審査会で精査して決定します。判定結果により、受けられるサービス量が異なってきます。

要介護認定

介護や支援の必要性や程度を客観的に判定するプロセス

介護保険の被保険者が「要介護状態」や「要支援状態」にあるかどうか、あるとすればどの程度の介護・支援が必要かを、全国一律の基準に従って客観的に判定するプロセスのこと。

手順としては、被保険者から申請を受けた後、まず認定調査員が本人のもとを訪ねて状況を調査し（認定調査）、並行して、本人の主治医から意見書（主治医意見書）を提示してもらい、これらをコンピュータ判定にかけます（一次判定）。次に、その結果を「介護認定審査会」で精査して、必要な修正を加え、最終判断します（二次判定）。

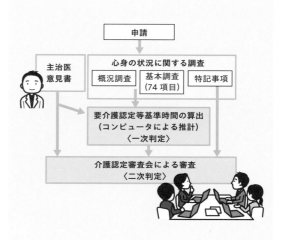

一次判定

コンピュータで弾き出す仮の介護度

要介護認定で二段階ある判定作業のうちの、第一段階にあたるプロセス。認定調査結果と主治医意見書をコンピュータで分析して、申請者本人に対してどのくらい介護サービスを行う必要があるか（要介護認定等基準時間）を推計し、"仮の介護度"を弾き出すまでを指します。

なお、一次判定結果はあくまでも認定調査票の定型的な記載内容をデータ分析したものであり、申請者本人の特徴的な病状、ケアニーズ、環境が十分正確に反映されているとは限りません（そこで、介護認定審査会による二次判定が必要となってきます）。

二次判定

一次判定をもとに個別の状況を専門家で合議し、最終判断

要介護認定で二段階ある判定作業のうちの、第二段階にあたるプロセス。介護認定審査会で行います。一次判定結果には、すでに基本的な心身の状態・介護の状況などから通常想定される範囲の介護の手間は反映済みなので、一次判定に反映されていないその人固有の状態・状況を、主治医意見書や認定調査の特記事項から汲み取って勘案し、修正の要否を検討のうえ、最終判断します。

1 保険者と関係機関
2 被保険者と保険料
3 要介護認定
4 利用者との契約
5 ケアマネジメント
6 介護行為

1 保険者と関係機関

2 被保険者と保険料

3 要介護認定

4 利用者との契約

5 ケアマネジメント

6 介護行為

要介護状態
（ようかいごじょうたい）

日常生活の基本的な動作に、常時介護を要する状態

　身体上または精神上の障害のために、入浴・排泄・食事など日常生活上の基本的な動作の全部または一部が常時介護を要する状態のこと。介護保険法上の定義では、その状態が6か月間にわたって継続し、要介護認定の判定結果が「要介護1〜5」のいずれかに該当している状態を指します。

　要介護状態であることが認められれば、介護給付が受けられます。

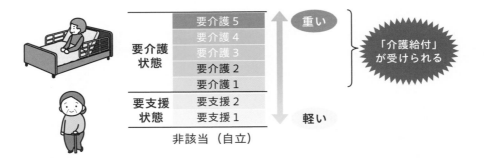

要支援状態
（ようしえんじょうたい）

日常生活に見守りや手助けを要するものの、要介護への予防が可能

　食事や排泄などはほとんど一人でできるものの、日常生活に見守りや手助けが必要な場合があり、適切な支援を受けることで要介護への予防が期待できる状態のこと。介護保険法上の定義では、その状態が6か月間にわたって継続すると見込まれ、要介護認定の判定結果が「要支援1または2」のいずれかに該当している状態を指します。

　要支援状態であることが認められれば、予防給付が受けられます。

非該当（自立）

要介護でも要支援でもない状態

　要介護認定で「要介護者」「要支援者」のいずれにも該当しないという判定結果のこと。歩行や起き上がりなどの日常生活上の基本的動作を自分で行うことが可能であり、かつ、薬の内服、電話の利用などの手段的日常生活動作を行う能力もある状態を指します。

　介護保険制度における介護給付や予防給付を受けることはできませんが、「基本チェックリスト」によって「生活機能の低下がみられる」と判定された場合は、市町村が行っている「介護予防・生活支援サービス事業」のサービスを利用することができます。

認定調査

要介護認定における訪問聞き取り調査

　要介護認定のプロセスで行われる訪問聞き取り調査のこと。要介護認定の新規申請または更新申請を行った本人の自宅（施設に入所中の人や病院に入院中の人は、その施設や病院）を市町村の認定調査員が訪問して、心身の状態や現在の環境などを確認します。

　聞き取りには、全国共通の認定調査票が用いられます。調査項目として、「概況調査」と「基本調査」があります。

　新規の認定調査は市町村職員が行うことが原則ですが、指定市町村事務受託法人に委託することも認められています。更新や区分変更であれば、指定居宅介護支援事業者、介護保険施設、地域包括支援センター等のケアマネジャーにも委託できます。

	新規	区分変更	更新	条件
市町村職員	○	○	○	
指定市町村事務受託法人	○	○	○	ケアマネジャー、26頁「認定調査員」の項目において②または③として記載した従事者
指定居宅介護支援事業者等※	×	○	○	ケアマネジャーの資格を持つ従事者
ケアマネジャー（個人）	×	○	○	

※指定居宅介護支援事業者、地域密着型介護老人福祉施設、介護保険施設、地域包括支援センター

1　保険者と関係機関

2　被保険者と保険料

3　要介護認定

4　利用者との契約

5　ケアマネジメント

6　介護行為

1 保険者と関係機関

2 被保険者と保険料

3 要介護認定

4 利用者との契約

5 ケアマネジメント

6 介護行為

概況調査
がいきょうちょうさ

対象者の概況を確認する調査

　要介護認定の認定調査における調査項目の一つ。現在利用中のサービス（デイサービスなどのサービス利用回数や福祉用具のレンタルの有無、また施設に入所されているかなど）や、家族構成、住宅環境、持病や病歴などについて、本人または家族等に聞き取りをします。

基本調査
きほんちょうさ

対象者の心身状況を把握する調査

　要介護認定の認定調査における調査項目の一つ。①身体機能・起居動作、②生活機能、③認知機能、④精神・行動障害、⑤社会生活への適応、⑥過去14日間に受けた特別な医療という切り口で、それぞれ「能力」「介助の方法」「障害や現象（行動）の有無」を把握するために、聞き取りをしたり、動作を実際に行ってもらって確認したりします。

①身体機能・起居動作	13 項目
②生活機能	12 項目
③認知機能	9 項目
④精神・行動障害	15 項目
⑤社会生活への適応	6 項目
⑥過去 14 日間に受けた特別な医療	12 項目

認定調査員
にんていちょうさいん

認定調査を行う担当者

　要介護認定の「認定調査」を行う担当者のこと。次の①から④のいずれかに該当し、かつ、都道府県または指定都市が行う認定調査員研修を修了していることが要件となります。

①市町村職員（非常勤、嘱託を含む）
②指定市町村事務受託法人に所属する看護師、社会福祉士、介護福祉士など保健・医療・福祉に関する専門的知識を有する者で、介護分野の実務経験が5年以上
③指定市町村事務受託法人に所属し、過去に1年以上、認定調査に従事していた者（市町村の元職員や元ケアマネジャーなど）
④ケアマネジャー

主治医意見書
しゅじいいけんしょ

疾病・負傷の状況等を把握するために主治医から取り寄せる書類

　被保険者から要介護認定の申請を受けた市町村が、当該被保険者の「身体上または精神上の障害（生活機能低下）の原因である疾病・負傷の状況等」を把握するために、介護保険法に基づいて主治医から取り寄せる書類のこと。全国で一律の様式を使って作成され、コンピュータによる一次判定や介護認定審査会での審査判定の資料として用いられます。

介護認定審査会
かい ご にんていしん さ かい

要介護認定の二次判定を担う合議体

　要介護認定の二次判定を行うために市町村が設置する機関で、保健・医療・福祉の学識経験者により構成される合議体。一次判定結果と併せて主治医意見書や認定調査の特記事項を専門的見地から精査し、必要に応じて一次判定を修正・変更のうえ、「二次判定」として示します。委員は市町村長から「特別職の地方公務員」として任命を受け、就任します。任期は2年（条例で定める場合は最長3年まで可）、再任も可能。公務員と同等の守秘義務が課せられます。

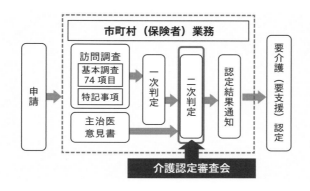

要介護認定の有効期間
ようかい ご にんてい　ゆうこう き かん

要介護認定結果の有効性を定めた期間

　要介護または要支援と判定された人について、介護認定審査会が当該認定結果の有効性を個別に定めた期間のこと。原則、新規・区分変更申請の場合は、申請日にさかのぼって6か月、更新申請の場合は、前回の認定有効期間満了日の翌日から12か月です。ただし、介護認定審査会の判断により、新規・区分変更申請の場合は3か月から12か月、更新申請の場合は3か月から36か月（要介護度等が変わらない場合は最大48か月）の範囲内で設定される場合があります。

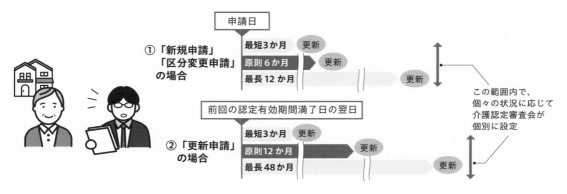

利用者との契約

- サービス利用契約
- 重要事項説明書
- サービス内容説明書

利用者との契約

カテゴリー ④

――――――――― 押さえておきたいことばの一覧 ―――――――――

- ●サービス利用契約
- ●重要事項説明書
- ●サービス内容説明書

介護保険サービスは、行政による"あてがいぶち"ではなく、利用者と事業者による「契約」をもとに実施されます。利用者はサービス事業者を自由に選ぶ権利があり、利用者とサービス事業者は互いに「民」と「民」の立場でサービス利用契約を結びます。事業者は契約時に、「重要事項説明書」を交付し、説明し、同意を得なければなりません。

サービス利用契約

契約完了後にサービスが開始

　サービス利用希望者が、自ら選んだ介護サービス事業者と取り交わす利用契約のこと。双方の合意によって成立し、これをもって介護保険サービスの利用が開始されます。法令上、書面で契約締結しなければならないとするルールはありませんが、後々のトラブルを防止・回避する趣旨で、署名・捺印入りの契約書を交わす場合もあります。

　契約書に記載される内容は、主に次のとおりです。
①契約の目的、②契約期間、③計画の作成・変更、④サービス内容、⑤緊急時の対応、⑥苦情対応、⑦料金、⑧秘密保持、⑨損害賠償、⑩契約の解除権、⑪契約の終了　など

　なお、事業者は契約にあたって、サービス利用希望者に「重要事項説明書」を交付し、その内容を説明したうえで、同意を得なければならないとされています。

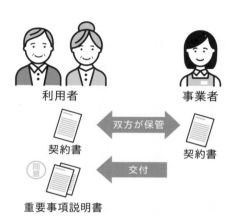

利用者　　　　事業者
契約書　　双方が保管　　契約書
同意　　　交付
重要事項説明書

重要事項説明書

サービス内容の重要事項を記載

　サービス利用契約締結時に、事業者から利用者に対して必ず交付される、契約に関する重要事項を記した書類のこと。事業所情報（事業所名や所在地、連絡先、管理者名等）、人員体制、事業目的・運営方針（経営理念にかかわるもの）、連絡窓口（苦情やサービス内容に関する問い合わせに関する連絡先）、サービス区分と種類、提供時間や料金、その他の料金（交通費やキャンセル料など）が記載されています。

サービス内容説明書

サービス内容を詳説する説明書

　サービス利用契約締結時に、事業者から利用者に対して任意で交付される、サービスを記した書類のこと。通常、契約書や重要事項説明書には細かく書けない内容、実際に提供するサービスの具体的内容、提供する時期（契約期間）、サービスに対して払う費用（金額）などがわかりやすく記載されています。

1　保険者と関係機関

2　被保険者と保険料

3　要介護認定

4　利用者との契約

5　ケアマネジメント

6　介護行為

カテゴリー

5

ケアマネジメント

- ケアプラン
- 居宅ケアプラン
- 施設ケアプラン
- 居宅介護支援
- ケアマネジメント
- 介護予防ケアプラン
- 介護予防ケアマネジメント
- 介護過程
- 個別援助計画
- アセスメント
- インテーク
- フェイスシート
- アセスメントシート
- サービス担当者会議
- モニタリング
- 居宅介護支援事業所
- ケアプラン点検

ケアマネジメント

1 ケアマネジャーと利用者・家族が面談 → **2** ケアマネジャーがケアプラン原案を作成 → **3** 利用者・家族が確認

→ **4** サービス担当者会議で決定 → **5** 契約・サービス開始

--- 押さえておきたいことばの一覧 ---

- ケアプラン
- 居宅ケアプラン
- 施設ケアプラン
- 居宅介護支援
- ケアマネジメント
- 介護予防ケアプラン

- 介護予防ケアマネジメント
- 介護過程
- 個別援助計画
- アセスメント
- インテーク
- フェイスシート

- アセスメントシート
- サービス担当者会議
- モニタリング
- 居宅介護支援事業所
- ケアプラン点検

介護保険サービスは、「ケアプラン」に沿って提供されます。どのような生活課題があるかをアセスメントして、本人の希望を聞きながら必要な支援をコーディネートし、「ケアプラン」としてまとめ、定期的にモニタリングして状況確認のうえ、必要な調整を行います。各介護サービスも、個別に計画を立て、PDCA サイクルでケアを提供します。

ケアプラン

支援の方針と内容を記した計画書

ケアマネジメントの一環として、「本人の心身の状況」「本人を取り巻く環境」「本人とその家族の希望」を把握したうえで、利用者がどのような暮らしを目標とし、そのためにいつ、どのような支援を提供するかを示した支援計画のこと。介護保険でサービスを利用するには、まずこのケアプランを立てる必要があります。

ケアプラン作成はケアマネジャーの役割ですが、利用者本人や家族等が作成することも可能です。

ケアプランには、インフォーマルサポートも含めて利用者に必要な支援を盛り込み、支援にかかわるメンバー内で共有します。ケアプランの作成・変更時には、原則としてサービス担当者会議の開催が義務づけられています。

利用者
- ●本人の心身の状況
- ●本人を取り巻く環境
- ●本人とその家族の希望

必要な支援 →

ケアプラン
- ・居宅ケアプラン
- ・施設ケアプラン
- ・介護予防ケアプラン

居宅ケアプラン
（きょたく）

在宅生活者を対象としたケアプラン

在宅で介護を受ける利用者を対象としたケアプランのこと。「居宅サービス計画」ともいいます。無理なく在宅での暮らしが可能となるように、家屋の状況や、介護者としてかかわる家族・親族の状況（就労している場合は、職場における「両立支援」の状況も含めて）、近隣住民とのかかわりなども把握したうえで立案します。

これらも把握して立案
- 家屋の状況は？
- 家族・親族の状況は？
- 近隣住民とのかかわりは？

施設ケアプラン
（しせつ）

施設入所者を対象としたケアプラン

介護保険施設（介護老人福祉施設、介護老人保健施設、介護医療院、介護療養型医療施設）の入所者向けに作成されるケアプランのこと。施設内でのサービスが画一的なものとならないように、施設に勤務するケアマネジャーが個々の利用者の希望や心身の状況をアセスメントのうえ、個別に作成します。

施設ケアプラン作成のポイント
- 本人の自己決定の尊重
- 自立支援とQOLの向上
- 介護過程に基づいている

1 保険者と関係機関

2 被保険者と保険料

3 要介護認定

4 利用者との契約

5 ケアマネジメント

6 介護行為

1 保険者と関係機関

2 被保険者と保険料

3 要介護認定

4 利用者との契約

5 ケアマネジメント

6 介護行為

居宅介護支援
（きょたくかいごしえん）

利用者に伴走してケアを一元管理

　心身機能の低下した人が自宅等で自分らしく尊厳を持って暮らせるように、どのような生活課題があるかをアセスメントして、本人の希望を聞きながら必要な支援をコーディネートし、「ケアプラン」としてまとめ、定期的に状況を確認したうえで、必要な調整を

行う支援のこと。介護保険制度に位置づけられた給付の一つで、居宅介護支援事業所のケアマネジャーが担います。

　本人が地域密着型介護老人福祉施設や介護保険施設への入所を必要とする場合は、入所先を紹介します。

居宅介護支援の内容

- ●相談の受付
- ●アセスメント
- ●ケアプランの作成
- ●利用者、サービス提供事業者、市町村との連絡・調整
- ●定期的なモニタリングとケアプランの見直し
- ●介護保険サービスの給付管理票の作成
- ●要介護認定の申請代行
- ●入退院や施設入所の支援

ケアマネジメント

最善・最適な支援となるよう調整

　生活が困難になり援助が必要となった利用者と、各種サービスを提供する事業者を結びつけ、サービス利用のプロセスを調整し、

ニーズの過不足が生じないように継続的にモニタリングを行う援助展開の手法のこと。ケアマネジャーが専門職として実施します。

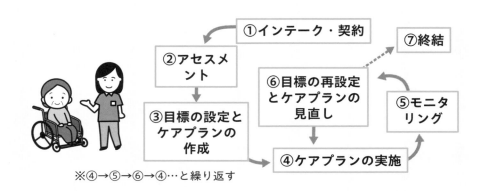

①インテーク・契約
②アセスメント
③目標の設定とケアプランの作成
④ケアプランの実施
⑤モニタリング
⑥目標の再設定とケアプランの見直し
⑦終結

※④→⑤→⑥→④…と繰り返す

介護予防ケアプラン

生活機能の維持・向上を目指す

　介護予防ケアマネジメントを実施するために必要なケアプランのこと。基本的に地域包括支援センターの専門職が作成しますが、委託された居宅介護支援事業所のケアマネジャーが作成することもあります。

　対象者は、要支援1・2の高齢者と、これから介護を受ける可能性が高いと思われる特定高齢者、そして65歳以上の介護がまだ必要ではない一般高齢者です。

**住み慣れた地域でできるだけ
長く元気に過ごせるように**

| 要介護状態への進行の予防 |
| 生活機能の維持・向上 |

介護予防ケアマネジメント

地域包括支援センターにより支援

　要支援と判定された高齢者と、要介護認定では自立と判定されていても実際には生活機能の低下が危ぶまれる高齢者を対象に行われるケアマネジメントです。介護予防・日常生活支援総合事業として各自治体で実施されています。

　基本的には介護保険制度におけるケアマネジメントと考え方や方法は変わりませんが、介護予防という具体的な目標があげられている点が特徴です。

　また、比較的生活自立度が高い高齢者を対象としているため、利用者本人の意欲や生活習慣が、目標を立てる際のより重要な要素となります。

介護過程

根拠に基づく一連の介護実践プロセス

　介護実践の進め方を体系化した標準的プロセス、あるいはその科学的思考の枠組みのこと。利用者の望む「自分らしい」生活を送ることができるように、現状で何が課題となっているかを明確化し、どのような支援が必要かを導き出して計画を立案し、実施し、評価する一連の過程を指します。

個別援助計画

介護サービス事業者が立てる計画

　ケアプランに沿ってサービスを提供することとなる各事業者が、サービス提供にあたっての目標やケアの内容・手順などを個別に定めた計画のこと。介護福祉士や訪問看護師など、各々の専門職が独自に具体的な援助方針や実施内容を作成します。

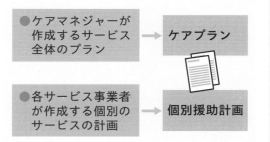

1 保険者と関係機関

2 被保険者と保険料

3 要介護認定

4 利用者との契約

5 ケアマネジメント

6 介護行為

37

1 保険者と関係機関

2 被保険者と保険料

3 要介護認定

4 利用者との契約

5 ケアマネジメント

6 介護行為

アセスメント

利用者を多面的に把握し、課題を明確化

利用者本人の望む「自分らしい」生活を送ることができるように、利用者の状況および利用者を取り巻く環境に関する情報を収集し、それらの意味を解釈し、課題を明確化するプロセスのこと。この結果をもとに、ケアマネジャーはケアプランを立て、介護サービス事業所の担当者は介護計画を作成します。

利用者が抱える生活上の問題は、さまざまな要素が相互に関連して起こっており、本人が気づいていない課題が潜在することもあります。そのため、生活歴、身体的状況、精神的状況、心理的状況、経済的状況、住環境、趣味や生きがい、社会関係、人生や生活に関する意思や希望など、幅広く情報を集めて多面的に評価・分析することが大事です。

人生への姿勢／社会関係／生活歴／身体的状況／精神的状況／心理的状況／住環境／経済的状況／趣味や生きがい

インテーク

援助者と利用者の初めての面接

困難を抱えて援助を希望する人に相談援助職が接触し、基本的な情報共有や信頼関係の構築を図る行為のこと。いわゆる初回面接。ケアマネジメントの導入部にあたり、ケアマネジャーと相手方の"初顔合わせ"の機会となります。共感をもって話を傾聴し、今どのような困りごとを抱えているのかを共有します。通常は、居宅等を訪問して実施します。

信頼関係の構築

今、直面している困りごとの共有

フェイスシート

介護現場における「カルテ」

介護サービスを利用する人の氏名・住所・年齢・職歴・家族構成、既往歴など、基本情報を記載したシートのこと。サービス開始時や施設入所時に作成され、介護サービス事業所や施設での情報共有やケアプラン作成に役立てられます。決まった書式はありませんが、誰が見てもわかるように整理して記入することが求められます。

①氏名、②住所、③年齢、④職歴、⑤家族構成、⑥既往歴など

アセスメントシート

アセスメントのサポートツール

　アセスメントで確認すべき事項が列挙され、聞き取りや観察で把握した情報を記録するための書類。職能団体、事業者団体、研究者らの手によって複数種類のシートが開発され、課題抽出をアシストする機能が付加されたものもあります。厚生労働省が「課題分析標準項目」として定めた 23 項目が含まれていれば、自作のシートも認められます。

利用者基本情報

作成担当者：

《基本情報》

相　談　日	年　月　日（　　）	来　所・電　話 その他（　　　　）	初　回 再来（前　／　　）
本人の現況	在宅・入院又は入所中（　　　　　　　　　　　　　　　　　　　　　）		

フリガナ 本人氏名		性別		M・T・S　年　月　　日生（　　　）歳
住　　　所		Tel	（　　　）	
		Fax	（　　　）	

日常生活 自立度	障害高齢者の日常生活自立度	自立・J1・J2・A1・A2・B1・B2・C1・2
	認知症高齢者の日常生活自立度	自立・Ⅰ・Ⅱa・Ⅱb・Ⅲa・Ⅲb・Ⅳ・M

認定・ 総合事業 情報	非該当・要支1・要支2・要介1・要介2・要介3・要介4・要介5 有効期限：　年　月　日～　年　月　日　（前回の介護度　　　　　　） 基本チェックリスト記入結果：事業対象者の該当あり・事業対象者の該当なし 基本チェックリスト記入日：　年　月　日
障害等認定	身障（　　）、療育（　　）、精神（　　）、難病（　　）
本人の 住居環境	自宅・借家・一戸建て・集合住宅・自室の有無（　）階、住宅改修の有無
経済状況	国民年金・厚生年金・障害年金・生活保護・・・

来　所　者 （相談者）				家 族 構 成	家族構成　◎=本人、○=女性、□=男性 ●=死亡、☆=キーパーソン 主介護者に「主」 副介護者に「副」 （同居家族は○で囲む）
住　　　所 連　絡　先			続柄		
緊急連絡先	氏名	続柄	住所・連絡先		
					家族関係等の状況

1 保険者と関係機関
2 被保険者と保険料
3 要介護認定
4 利用者との契約
5 ケアマネジメント
6 介護行為

1 保険者と関係機関

2 被保険者と保険料

3 要介護認定

4 利用者との契約

5 ケアマネジメント

6 介護行為

サービス担当者会議

利用者・多職種が課題を共有する場

ケアマネジャーの招集により、主治医も含めサービスを提供する事業所の担当者が参集して開催される会議（リモート参加も可）。ケアマネジャーの把握している利用者の状況や課題を担当者間で共有し、ケアマネジャーによって準備されたケアプラン原案を検討す

る場です。ケアプラン作成プロセスの一環として位置づけられ、原則として利用者や家族も参加し、多くは利用者の居宅で行われます。

要介護認定の更新や区分変更が行われた場合、その他ケアプラン見直しの必要性が生じたときにも開催されます。

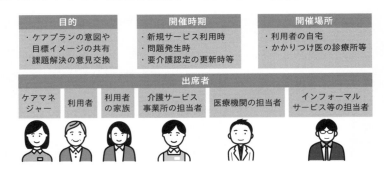

目的	開催時期	開催場所
・ケアプランの意図や目標イメージの共有 ・課題解決の意見交換	・新規サービス利用時 ・問題発生時 ・要介護認定の更新時等	・利用者の自宅 ・かかりつけ医の診療所等

出席者					
ケアマネジャー	利用者	利用者の家族	介護サービス事業所の担当者	医療機関の担当者	インフォーマルサービス等の担当者

モニタリング

サービス開始後の定期的な状況確認

サービス提供が開始されてから、その後、利用者の状況や生活ニーズに変化が生じていないか、サービスによって利用者の生活ニーズが充足されているか等を、ケアマネジャーが継続的かつ定期的に点検・確認する行為のこと。状況やニーズに変動がみられ、サービ

スの変更や追加が必要であることが判明した場合は、ケアプランの見直しに着手します。居宅介護支援では少なくとも1か月に1度、利用者の居宅を訪問して実施するものとされています。施設では頻度の定めはありませんが、おおむね3か月に1度程度の実施が基本とされています。

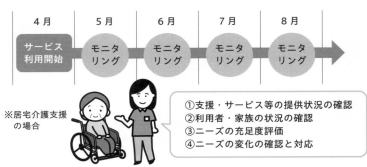

4月	5月	6月	7月	8月
サービス利用開始	モニタリング	モニタリング	モニタリング	モニタリング

※居宅介護支援の場合

①支援・サービス等の提供状況の確認
②利用者・家族の状況の確認
③ニーズの充足度評価
④ニーズの変化の確認と対応

居宅介護支援事業所
きょ たく かい ご し えん じ ぎょうしょ

居宅のケアマネジメント実施主体

　居宅介護支援を業として行っている事業所。要介護等の本人や家族からの相談受付対応、市町村・関係事業者・関係職種との連絡調整、ケアプランの作成、モニタリング、介護保険の給付管理などを担っています。

　各事業所とも常勤のケアマネジャーが1名以上配置され、利用者の数が35人またはその端数を増すごとにケアマネジャーを1名増員することが義務づけられています。

ケアプラン点検
てん けん

ケアプランの適切性を担保する共同の確認作業

　介護保険の保険者である市町村が、ケアプランの適切性の担保とケアマネジャーの資質向上の趣旨で行うケアプラン点検・確認作業のこと。保険者による直接点検のほか、地域包括支援センターや専門職団体等に点検を委託しているケースもあります。具体的には、①点検対象となる居宅介護支援事業所を選定し、関係資料の提出を求め、②アセスメント結果、課題と目標設定、サービス内容などの適切性を検証し、③ケアプラン作成に携わったケアマネジャーと面談して、ケアプランを共同で確認する、という流れで進められます。

1 保険者と関係機関

2 被保険者と保険料

3 要介護認定

4 利用者との契約

5 ケアマネジメント

6 介護行為

カテゴリー

6

介護行為

- ADL／BADL
- IADL
- FIM（機能的自立度評価表）
- ICF（国際生活機能分類）
- QOL
- エンド・オブ・ライフケア
- ACP
- リビング・ウィル
- ターミナルケア
- 緩和ケア
- スピリチュアルケア
- 医行為ではないと考えられるもの
- 医療的ケア
- 喀痰吸引等制度
- 栄養ケア・マネジメント
- 口腔・栄養スクリーニング
- 褥瘡ケア
- ユニットケア
- バイタルチェック
- リハビリテーションマネジメント

カテゴリー ⑥ 介護行為

———— 押さえておきたいことばの一覧 ————

- ADL／BADL
- IADL
- FIM（機能的自立度評価表）
- ICF（国際生活機能分類）
- QOL
- エンド・オブ・ライフケア
- ACP
- リビング・ウィル

- ターミナルケア
- 緩和ケア
- スピリチュアルケア
- 医行為ではないと
  考えられるもの
- 医療的ケア
- 喀痰吸引等制度
- 栄養ケア・マネジメント

- 口腔・栄養スクリーニング
- 褥瘡ケア
- ユニットケア
- バイタルチェック
- リハビリテーション
  マネジメント

介護サービスは、心身機能が低下しても「よりよく生きる」「自分らしい充実した人生を送る」ことが可能であるようにサポートするものです。科学的根拠に基づいて重症化を予防・軽減し、損なわれた機能はサービスや用具で代替します。痰の吸引や経管栄養などの医療的ケアも行います。寄り添って、傾聴に徹することも、時に必要です。

ADL／BADL

生活していくうえで必要な基本的動作

　ADLとは、人が生活していくうえで必要な動作を指す概念で、Activities of Daily Livingの略語。大きくは、食事・整容・更衣・排泄・入浴などの基本的動作を指すBADL（Basic ADL＝基本的日常生活動作）と、より複雑で判断力を要する動作を指すIADL（Instrumental ADL＝手段的日常生活動作）に分類されます。

IADL

より複雑で判断力を要する動作

　ADLのなかでも、判断力を必要とする日常生活上の動作を指す概念で、Instrumental Activities of Daily Livingの略語。「手段的日常生活動作」とも称し、家事、買い物、服薬管理、金銭管理、電話対応といった比較的複雑な動作のこと。IADLを評価する指標として、Lawton（ロートン）の尺度、老研式活動能力指標、DASC-21があります。

FIM（機能的自立度評価表）

「しているADL」の評価方法

　Functional Independence Measureの略語で、日常生活動作（ADL）の評価法の一つ。日常生活上の「しているADL」を評価するもので、運動項目13と、認知項目5の計18項目で構成されていて、それぞれが7～1点の7段階で評価します。医療的知識がなくても採点可能なため、介護現場でも活用されています。

運動項目													認知項目				
セルフケア						排泄		移乗			移動		コミュニケーション		社会認識		
食事	整容	清拭	更衣（上半身）	更衣（下半身）	トイレ動作	排尿コントロール	排便コントロール	ベッド・いす・車いす	トイレ	浴槽・シャワー	歩行・車いす	階段	理解（聴覚・視覚）	表出（音声・非音声）	社会的交流	問題解決	記憶

ICF（国際生活機能分類）

「健康である」とはどういうことか

　2001年5月にWHO総会で採択された新しい健康観に基づく「健康の構成要素に関する分類」のこと。生きることの全体像を理解するための共通言語です。
　専門分野や立場の異なる人たちの間の共通理解に役立つように、「生活機能モデル」を共通の考え方においています。

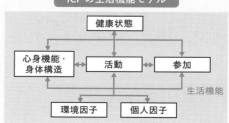

ICFの生活機能モデル

1 保険者と関係機関
2 被保険者と保険料
3 要介護認定
4 利用者との契約
5 ケアマネジメント
6 介護行為

45

1 保険者と関係機関

2 被保険者と保険料

3 要介護認定

4 利用者との契約

5 ケアマネジメント

6 介護行為

QOL

「生きる」の主観的認識と客観的状態

Quality Of Life の略語。「よりよく生きること」「自分らしい充実した人生を送ること」に関する満足度や主観的認識を指す場合と、それを構成する①身体・精神の健康状態、②生活機能、③社会参加や居場所・役割など諸要素の客観的状況・状態を表す場合があります。

エンド・オブ・ライフケア

「自分らしく生きる」を支える全人的ケア

年齢、健康状態、診断名を問わず、命の終わりに直面している人に対して、最期までQOLが最大限に保たれ、自分らしく生き抜くことができるように、あらゆるつらさにかかわり、支える全人的ケアのこと。近年、同義語である「ターミナルケア」からの言い換えが進んでいますが、エンド・オブ・ライフケアは「命を脅かす疾患の診断がついたとき」あるいは「命の終わりについて意識しはじめたとき」から始まる、年単位の長期にわたって提供されるケアであるとされています。

ACP

「わたしの最期」を話し合うプロセス

Advance Care Planning の略語。もしものときのために自ら希望する医療・ケアについて、家族や親密な友人など「周囲の信頼できる人」や「医療・ケアチーム」と繰り返し話し合い、共有する取り組みのこと。「人生会議」ともいわれています。一度結論を出して終わりではなく、繰り返し話し合うことが重要とされています。

リビング・ウィル

意に沿わない延命措置への拒否宣言

もしものときにどのような医療を望むか（望まないか）を、判断能力があるうちに文書で意思表示しておくこと。またはその文書。ひらたくいえば、自ら意思表示ができない状態に陥ったとき、死期を延ばすだけの治療が継続されることのないように（「平穏死」が迎えられるように）するための"事前対策"です。

ターミナルケア

尊厳ある最期を支える看取りケア

治癒の見込みがなく、死期が迫った利用者（患者）に対して提供される、延命一辺倒ではない、症状の軽減・緩和と本人の尊厳保持に重点を置いたケアのこと。本人と家族をチームで支え、死が訪れる最期の瞬間まで、その人の持っている身体機能や精神機能の潜在的能力を引き出し、QOLが保てるように支援します。近年では、「エンド・オブ・ライフケア」という用語が用いられることが多くなってきています。

緩和ケア

あらゆる苦痛を和らげるケア

生命を脅かす疾患にかかった患者およびその家族を対象として、身体や気持ちの苦痛を和らげ、QOLの維持・改善を図るために多職種で提供するケアの総称。病気や治療の過程で生じる身体的苦痛のみならず、家計や家族関係等の心配事、焦燥感、抑うつ、さらには生きる意味の喪失や孤独感なども含めて包括的に対応します。

スピリチュアルケア

寄り添って、傾聴に徹する

死との対峙を余儀なくされたことによって生じた、解決のつかない根源的な苦痛・苦悩（スピリチュアルペイン）を和らげ、軽減するケアのこと。そばに寄り添い、本人が心のうちを吐き出したくなったときには黙ってこれを受け止め、傾聴に徹します。安定した関係性を継続的に保ち、本人自身の模索を支えます。

医行為ではないと考えられるもの

介護職が行える「医行為ではないと考えられる行為」

かつて介護施設等で医師や看護師等にのみ認められていた行為のうち、2005年に「医行為に該当しない行為」であるとして、介護職にも実施が認められた11種類の行為のこと。利用者の状態に異常がみられない場合に行うことができるとされています。

①体温測定、②血圧測定、③動脈血酸素飽和度測定、④軽微な傷の処置、⑤医薬品の使用介助（軟膏の塗布（褥瘡の処置を除く）、湿布の貼付、点眼薬の点眼、一包化された内用薬の内服、坐薬挿入、点鼻薬の噴霧介助）、⑥爪切り、⑦口腔ケア、⑧耳垢除去、⑨ストーマパウチの排泄物処理、⑩自己導尿の補助、⑪市販の浣腸器による浣腸

1 保険者と関係機関
2 被保険者と保険料
3 要介護認定
4 利用者との契約
5 ケアマネジメント
6 介護行為

1 保険者と関係機関

2 被保険者と保険料

3 要介護認定

4 利用者との契約

5 ケアマネジメント

6 介護行為

医療的ケア

医療職以外の人による
医療的生活援助行為

　施設・在宅・学校など「医療機関以外の場所」で、本人・家族・介護職など「医療職以外の人」によって日常的に行われる「医療的生活援助行為」のこと。痰の吸引、経管栄養、気管切開部の衛生管理などが該当し、同じ内容でも医師や看護師などが行う「医行為」とは区別されます。

喀痰吸引等制度

研修等を受講し認定を取得して実施

　介護福祉士および一定の研修を受けた介護職員等について、一定の条件のもとに、以下の五つの医療的ケアを、医師の指示と看護師の技術的指導を得て実施できることとした制度のこと（2012年〜）。就業先の施設・事業者も都道府県に届け出て「登録喀痰吸引等事業者」となることが必須です。

①口腔内の喀痰吸引
②鼻腔内の喀痰吸引
③気管カニューレ内部の喀痰吸引
④胃ろうまたは腸ろうによる経管栄養
⑤経鼻経管栄養

栄養ケア・マネジメント

栄養状態改善のための PDCA サイクル

　高齢者の低栄養状態等の予防・改善のために、栄養ケア計画を作成し、それをもとにマネジメントを展開すること。管理栄養士と医師、歯科医師を中心に関係職種が協働して行います。栄養状態改善のためのPDCAサイクルともいわれています。

- ●開始時における栄養スクリーニング
- ●栄養アセスメントの実施
- ●栄養ケア計画の作成

- ●利用者および家族への説明
- ●栄養ケアの実施

- ●栄養ケア計画の変更および終了時の説明等

- ●実施上の問題点の把握
- ●モニタリング（ミールラウンド）の実施
- ●再栄養スクリーニングの実施

口腔・栄養スクリーニング

フレイル予防につなげる状態チェック

　利用者の口腔の健康状態低下の徴候をいち早く発見し、フレイル予防の医療やケアにつなげるため、通所介護などの事業所で一定期間ごとに実施する「口腔スクリーニング」と「栄養スクリーニング」のこと。6か月に1回の頻度で実施して担当ケアマネジャーに結果を情報提供すると、介護報酬上の加算が算定できます。

口腔スクリーニング	栄養スクリーニング
①柔らかいものばかり食べる ②入れ歯を使っている ③むせやすい	① BMI 値が 18.5 未満 ②直近 1〜6 か月間で 3%以上の体重減少 ③血清アルブミン値が 3.5g/dl 以下 ④食事摂取量が 75 %以下

褥瘡ケア
<ruby>褥瘡<rt>じょくそう</rt></ruby>ケア

褥瘡の予防と早期発見・対応

　寝たきりの状態が続くことなどによって、体重で圧迫されている部分の血流が滞り、皮膚の一部がただれたり、傷ができてしまう状態である「褥瘡」を防いだり、早期発見につなげるケアのこと。利用者に一番身近な介護職が褥瘡をつくらないように、以下のような取り組みを実践します。

・2時間を超えない間隔で体位変換を行う
・体圧分散のための用具を活用する
・栄養状態を改善する
・発赤に気づいたら、すぐに医療の専門職につなげる

ユニットケア

施設でも個別性の高いケアを実現

　介護老人福祉施設や介護老人保健施設などで、居室をいくつかのグループに分けて一つの生活単位とし、少人数の家庭的な雰囲気のもとで暮らす施設ケアのあり方のこと。居室は個室が基本となり、各グループにはリビングなどの共用空間が設けられてともに過ごせるようになっています。一部屋に多くの人が暮らす多床室でのケアとは異なり、個別性の高いケアを行いやすいのが特徴です。

バイタルチェック

健康状態を確認するルーティーン

　脈拍、呼吸状態、血圧、体温、意識レベル（いわゆるバイタルサイン）を計測して、利用者の健康状態が平常であるかどうかを確認する行為のこと。毎日決まった時間・タイミングで測定し、記録に残しておくことで、利用者のわずかな状態変化から異変に気づくきっかけともなります。また、医療専門職との連携の際に不可欠な情報です。

リハビリテーションマネジメント

SPDCAサイクルでリハビリを最適化

　調査（Survey）→計画（Plan）→実行（Do）→評価（Check）→改善（Action）のプロセスをたどる「SPDCAサイクル」を通じて、利用者の生活機能の維持・向上を目的としたリハビリテーションの管理手法のこと。訪問リハビリと通所リハビリでは、「リハビリテーションマネジメント加算」として評価されます。

1 保険者と関係機関
2 被保険者と保険料
3 要介護認定
4 利用者との契約
5 ケアマネジメント
6 介護行為

49

カテゴリー

7

介護保険サービス

- 居宅サービス
- 介護予防サービス
- 地域密着型サービス
- 施設サービス
- 指定サービス
- 特例サービス費
- 基準該当サービス
- 離島等相当サービス
- 混合介護
- 共生型サービス
- 訪問介護
- 身体介護
- 生活援助
- 同行訪問
- 老計10号
- 2時間ルール
- 同一建物居住者
- 訪問入浴介護
- 訪問看護
- 訪問リハビリテーション
- 通所介護
- レスパイトケア
- 療養通所介護
- 通所リハビリテーション
- 短期入所生活介護
- 短期入所療養介護

- 居宅療養管理指導
- 福祉用具貸与・販売
- 福祉用具
- 使用が想定しにくい
  状態像／要介護度
- 全国平均貸与価格と貸与
  価格の上限
- 住宅改修
- 住宅改修が必要な理由書
- 定期巡回・随時対応型
  訪問介護看護
- 夜間対応型訪問介護
- 小規模多機能型居宅介護
- サテライト型事業所
- 看護小規模多機能型
  居宅介護
- 認知症対応型共同生活
  介護（グループホーム）
- 地域密着型通所介護
- 認知症対応型通所介護
- 地域密着型特定施設
  入居者生活介護
- 地域密着型介護老人福祉
  施設入所者生活介護
- 介護老人福祉施設
- 介護老人保健施設

- 介護医療院
- 介護療養型医療施設
- 多床室
- 従来型個室
- ユニット型個室的多床室
- ユニット型個室
- 特定施設入居者生活介護
- 特定施設
- 有料老人ホーム
- サービス付き高齢者向け
  住宅
- 軽費老人ホーム
- 養護老人ホーム
- 宅老所

⑦ 介護保険サービス

―― 押さえておきたいことばの一覧 ――

- 居宅サービス
- 介護予防サービス
- 地域密着型サービス
- 施設サービス
- 指定サービス
- 特例サービス費
- 基準該当サービス
- 離島等相当サービス
- 混合介護
- 共生型サービス
- 訪問介護
- 身体介護
- 生活援助
- 同行訪問
- 老計10号
- 2時間ルール
- 同一建物居住者

- 訪問入浴介護
- 訪問看護
- 訪問リハビリテーション
- 通所介護
- レスパイトケア
- 療養通所介護
- 通所リハビリテーション
- 短期入所生活介護
- 短期入所療養介護
- 居宅療養管理指導
- 福祉用具貸与・販売
- 福祉用具
- 使用が想定しにくい状態像／要介護度
- 全国平均貸与価格と貸与価格の上限
- 住宅改修

- 住宅改修が必要な理由書
- 定期巡回・随時対応型訪問介護看護
- 夜間対応型訪問介護
- 小規模多機能型居宅介護
- サテライト型事業所
- 看護小規模多機能型居宅介護
- 認知症対応型共同生活介護（グループホーム）
- 地域密着型通所介護
- 認知症対応型通所介護
- 地域密着型特定施設入居者生活介護
- 地域密着型介護老人福祉施設入所者生活介護
- 介護老人福祉施設

- 介護老人保健施設
- 介護医療院
- 介護療養型医療施設
- 多床室
- 従来型個室
- ユニット型個室的多床室
- ユニット型個室
- 特定施設入居者生活介護
- 特定施設
- 有料老人ホーム
- サービス付き高齢者向け住宅
- 軽費老人ホーム
- 養護老人ホーム
- 宅老所

介護保険制度のもとで提供されるサービスは、大きく分けて、自宅等で生活する人を対象とした「居宅サービス」、施設に入所して受ける「施設サービス」、認知症高齢者や中重度の要介護者などが住み慣れた地域に住み続けることができるよう創設された「地域密着型サービス」に分類されます。

居宅サービス
きょたく

自宅で暮らす人のためのサービス

　自宅で生活する人を対象とした介護保険サービス。訪問サービス、通所サービス、短期入所サービス、福祉用具貸与、特定福祉用具販売、特定施設入居者生活介護があります。ケアプランに基づいて提供されます。

訪問サービス	短期入所サービス
訪問介護	短期入所生活介護
訪問入浴介護	短期入所療養介護
訪問看護	
訪問リハビリテーション	福祉用具貸与
居宅療養管理指導	特定福祉用具販売
	特定施設入居者生活介護
通所サービス	
通所介護	
通所リハビリテーション	

介護予防サービス
かいごよぼう

要介護度の低い人の重度化を防ぐ

　2006年度施行の介護保険制度改正において生まれたサービス。高齢者ができる限り要介護状態に陥ることがないように、また、状態の悪化を防ぐために生活機能の維持や向上、改善を目的とします。
　要支援1・2の人が対象です。

・介護予防訪問入浴介護
・介護予防訪問看護
・介護予防訪問リハビリテーション
・介護予防通所リハビリテーション
・介護予防福祉用具貸与
・特定介護予防福祉用具販売
・介護予防短期入所生活介護
・介護予防短期入所療養介護
・介護予防居宅療養管理指導
・介護予防特定施設入居者生活介護

地域密着型サービス
ちいきみっちゃくがた

独居や老老介護世帯にフィット

　今後増加が予想される認知症高齢者や中重度の要介護者などが、住み慣れた地域に住み続けることができるように、市町村が監督しながら提供する介護保険サービスのこと。サービス事業者数がまだ少ないのが課題です。

・定期巡回・随時対応型訪問介護看護
・夜間対応型訪問介護
・小規模多機能型居宅介護
・看護小規模多機能型居宅介護
・認知症対応型通所介護
・認知症対応型共同生活介護
・地域密着型通所介護
・地域密着型特定施設入居者生活介護
・地域密着型介護老人福祉施設入所者生活介護

施設サービス
しせつ

施設に入所して受けるサービス

　在宅で生活を続けることが難しい利用者が入所して受けるサービス。①介護老人福祉施設、②介護老人保健施設、③介護医療院、④介護療養型医療施設（2024年3月末に廃止予定）の4種類があります。

7 介護保険サービス

8 医療系サービス

9 費用と介護報酬

10 地域支援事業、地域包括支援センター

11 認知症・精神疾患

12 インフォーマルサポート

7 介護保険サービス

8 医療系サービス

9 費用と介護報酬

10 地域支援事業、地域包括支援センター

11 認知症・精神疾患

12 インフォーマルサポート

指定サービス

基準をすべて満たしたサービス

　介護保険サービスの事業者として、人員基準・設備基準・運営基準をすべて満たして都道府県知事（地域密着型サービスなどの場合は市町村長）の「指定」を受けた事業者が提供するサービスのこと。指定を受けられるのは、一部医療系サービスを除いて、法人格を有している事業主体に限られます。指定の有効期間は6年間です。

●都道府県知事が指定・監督を行うもの	●市町村長が指定・監督を行うもの
・居宅サービス ・介護予防サービス ・施設サービス	・地域密着型サービス ・地域密着型介護予防サービス ・居宅介護支援 ・介護予防支援

特例サービス費

要介護認定申請前のサービス利用の特例

　緊急等やむを得ない理由により要介護認定申請の前に指定サービスを受けた場合等に、市町村に申請して認められれば特例的に支給される保険給付のこと。事業者に利用料を全額支払って、後で支給申請する流れとなります（償還払い）。基準該当サービスや離島等相当サービスを利用した場合も同様の特例扱いで、原則として償還払いが求められますが、市町村の判断によって通常と同様1〜3割負担で受けられる場合があります。

基準該当サービス

緩和された基準を満たしたサービス

　法人格を有していなかったり、人員・設備・運営基準をすべて満たしていなかったりして指定を受けられなくても、都道府県（居宅介護支援、介護予防支援の場合は市町村）が条例で定める基準（一部緩和されたもの）を満たして、保険者（市町村）から「基準該当事業者」として認められれば、介護保険のもとでサービスを提供できます。これを「基準該当サービス」といい、給付額は保険者が設定します。

基準該当サービスの対象サービス
訪問介護、訪問入浴介護※、通所介護、
短期入所生活介護※、福祉用具貸与※、
居宅介護支援、介護予防支援
※介護予防サービスを含む

離島等相当サービス

離島や中山間地域などで保険者が認めた事業者によるサービス

　指定サービスのみならず基準該当サービスの確保も困難であるとして厚生労働大臣が定めた地域（離島や中山間地域など）については、指定サービス・基準該当サービスの基準を満たせない事業者であっても、保険者（市町村）が「指定サービス・基準該当サービスに相当するサービスを提供できる事業者」であると認めれば、保険給付の対象とすることが可能となっています。これを「離島等相当サービス」といい、給付額は保険者が設定します。

混合介護
(こんごうかいご)

保険外サービスも一体的に提供

　介護保険サービスと介護保険適用外サービスを組み合わせて提供すること。契約時に、保険外サービスの運営方針や目的、料金などを別途設定、明確にし、利用者に十分説明し同意を得ることが条件です。ケアマネジャーにも詳細を伝え、介護保険サービスと費用の請求・会計は分けて行う必要があります。

利用者は1割負担
（所得によっては
2割または3割負担）

訪問介護
介護保険
サービス

＋

草むしり　**ペットの世話**　など
介護保険適用外
サービス

利用者による
全額負担

共生型サービス
(きょうせいがた)

「障害福祉・高齢者介護」双方のサービス提供が可能な "ハイブリッド型"

　同一の事業所が「介護保険サービス」と「障害福祉サービス」の双方を一体的に提供できるように、2018年度から導入されたサービス類型。介護保険または障害福祉のいずれかの指定を受けている事業所が、もう一方の制度の指定を受けやすくなるように、両制度に特例が設けられたものです。

　障害福祉サービスを受けていた障害者が65歳になって介護保険の被保険者になると、介護保険サービスが優先的に適用され、今まで慣れ親しんできた障害福祉サービス事業所を利用できなくなるケースが多発しました（いわゆる「65歳の壁」）。その解消を図るために創設されたものです。

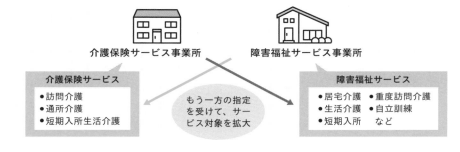

介護保険サービス事業所　　障害福祉サービス事業所

介護保険サービス
● 訪問介護
● 通所介護
● 短期入所生活介護

もう一方の指定
を受けて、サービス対象を拡大

障害福祉サービス
● 居宅介護　● 重度訪問介護
● 生活介護　● 自立訓練
● 短期入所　　など

7 介護保険サービス
8 医療系サービス
9 費用と介護報酬
10 地域支援事業・地域包括支援センター
11 認知症・認知症施策
12 インフォーマルサポート

7 介護保険サービス

8 医療系サービス

9 費用と介護報酬

10 地域支援事業、地域包括支援センター

11 認知症・精神疾患

12 インフォーマルサポート

訪問介護
ほう もん かい ご

利用者の自立支援の要となるサービス

　介護福祉士や介護職員初任者研修を受講して修了資格を持つ訪問介護員（ホームヘルパー）が、利用者の自宅を訪問して、身体介護や生活援助を行うサービスのこと。通院介助を行うサービスもあります。居宅サービスの中心に位置する、自立支援の要となるサービスです。

身体介護
食事・排泄・入浴
などの支援

生活援助
掃除、洗濯、
調理、買い物など

身体介護
しん たい かい ご

身体に直接接触して行う介助

　訪問介護を構成する支援の類型の一つで、以下の①②③を内容としています。

①利用者の身体に直接接触して行う介助サービス

（排泄介助、食事介助、入浴介助、清拭、身体整容、更衣介助、体位変換、移動・移乗介助、起床・就寝介助、服薬介助等）

②利用者の ADL・IADL・QOL や意欲の向上のために利用者とともに行う自立支援・重度化防止のためのサービス

（いわゆる見守り的援助）

③その他専門的知識・技術をもって行う利用者の日常生活上・社会生活上のためのサービス

（喀痰吸引や経管栄養などの医療的ケア等）

生活援助
せい かつ えん じょ

独居で日常生活が困難な人に提供

　ホームヘルパーが自宅を訪問して掃除や洗濯、調理、買い物などの必要な援助を提供すること。サービス内容は利用者によって異なり、訪問介護計画に基づいて提供されます。同居家族がいて、生活援助を行う場合は、利用者本人に対してのみ提供が可能で、家族の分まで行うことはできません。

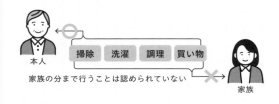

本人　掃除　洗濯　調理　買い物　家族
家族の分まで行うことは認められていない

同行訪問
どう こう ほう もん

情報共有、OJT、専門的スキルの伝達

　OJT の一環として、同一事業所内で経験のあるスタッフが新人スタッフと同行して利用者宅で行う、実習を兼ねたサービス提供。訪問介護で情報共有や OJT を目的に、新規利用者に対して担当ホームヘルパーとサービス提供責任者が一緒に訪問することを指す場合もあります。訪問看護で行われる「複数名訪問」や、化学療法看護、緩和ケア、褥瘡ケアなどについて高い専門性を持つ看護師と、一般の看護師が同行して、両者が協力して看護ケアを実践したり、アドバイスなどを行うもので、診療報酬で評価されています。ケアマネジャーとリハビリテーション専門職等による共同の訪問も「同行訪問」といいます。

老計10号

「共に行う介護」と自立支援

　「訪問介護におけるサービス行為ごとの区分等について」と題された、訪問介護のサービス内容の基本を定める厚生労働省の通知（平成12年3月17日老計第10号）のこと。2018年度の改定で「生活援助」と「身体介護」の区分のあり方が明確化され、その一環で「自立生活支援・重度化防止のための見守り的援助」という支援のあり方が追加されました。手を出しすぎない「共に行う介護」によって、利用者のセルフケア力の向上をねらいとしたものとされます。

2時間ルール

訪問介護の基本ルール

　1日複数回の訪問介護を要する利用者に対して、前後の訪問の間隔を「2時間以上」空けずに複数回のサービスを行うと、介護報酬上は合わせて1回分のサービスとしてみなされるという決まりのこと。結果として、本来請求できる単位を算定できず、事業者が受け取れる報酬額は目減りします。必要以上に小刻みに訪問を区切った不適切な報酬請求を防ぐためのルールですが、頻回な訪問が必要なケースもあるということで、2021年度に見直され、看取りの場合は適用されなくなっています。

同一建物居住者

訪問サービスで減算対象となる利用者

　訪問による介護サービスについて、移動に伴う時間や労力を勘案して、介護報酬の減算（同一建物等減算）を行う取り決めとなっている利用者属性のこと。以下の利用者が該当します。
・事業所と同一敷地内建物等に居住する利用者
・同一敷地内建物等以外の建物で、1月あたり20人以上の利用者が居住する集合住宅等に居住する利用者
　なお、医療保険では、1医療機関が同一日に同一建物の患者2人以上に訪問診療や訪問看護などを行った場合に「同一建物居住者」として扱われます。

訪問入浴介護

自宅に入浴設備を持ち込んで行う

　主治医の許可のもと、入浴が困難な在宅の利用者宅に簡易浴槽を持ち込んで、入浴支援を行うサービス。自宅に風呂がない、デイサービスに通えない事情などがあるときに有用です。
　通常は看護職員1名、介護職員2名の体制で提供されます。利用の際には、自宅周辺に1時間程度駐車できるスペースがあること、ホースを引き込み、自宅内の水道に接続して給水が可能であること、浴槽から自宅内の排水口にホースを接続して排水ができることが条件となります。

7 介護保険サービス

8 医療系サービス

9 費用と介護報酬

10 地域支援事業、地域包括支援センター

11 認知症・精神疾患

12 インフォーマルサポート

7 介護保険サービス

8 医療系サービス

9 費用と介護報酬

10 地域支援事業、地域包括支援センター

11 認知症・精神疾患

12 インフォーマルサポート

訪問看護

在宅で療養したい利用者に最適

　医師の指示のもと、看護師（准看護師）、保健師、理学療法士、作業療法士、言語聴覚士が利用者宅を訪問し、看護や医療ケア、療養生活の支援などを行うサービス。利用にあたっては、医師が交付する「訪問看護指示書」が必要となります。

診療の補助
褥瘡の処置、痰の吸引、経管栄養、点滴管理など

栄養管理
栄養障害や脱水を防ぐためのアドバイス

状態観察
バイタルチェック、持病の悪化・再発予防などのための処置・アドバイス

リハビリテーション
歩行や嚥下障害などの訓練実施や方法のアドバイス

訪問リハビリテーション

自宅で受ける専門職のリハビリ

　在宅で生活する利用者の自立を支援するために行われるリハビリテーションサービス。本人の状態が比較的安定していて、主治医が自宅におけるリハビリテーションを必要と判断した場合に、主治医の指示書に基づき提供されます。1回20分のリハビリ提供が基本単位で、病院・診療所、老健、介護医療院のリハビリ専門職が訪問します。理学療法士・作業療法士・言語聴覚士の資格を持った人がこれにあたります。

病状観察	身体機能の改善	日常生活の指導	介護相談

通所介護

送迎付き通いのサービス

　事業者が利用者の自宅まで送迎して日中の介護を担う、通いのサービス。高齢者の閉じこもりや生活リズムの乱れを予防し、家族の介護負担を軽減することを目的としています。外出が可能な、比較的元気な要介護者が利用することが多く、2021年度の介護保険制度改正では、新たに機能訓練、口腔ケア、栄養マネジメントに関する取り組みが行われるようになりました。

入浴	昼食	おやつ
健康状態のチェック	基本的なリハビリテーション	

レスパイトケア

介護家族の休息が目的

　在宅介護を担う家族が束の間介護から解放され、リフレッシュが図れるようにする支援のこと。いわゆる休息ケア。一般にショートステイ（短期入所生活介護等）を指すことが多いですが、通所介護も半日～1日単位のレスパイトケアであり、訪問介護の間にその場を離れて気分転換を図ってもらうような使い方もできます。

ストレス、疲労困憊…

レスパイトケア

リフレッシュ！

療養通所介護
りょうようつうしょかいご

医療的ケアを必要とする人が通う

　常に看護師の観察を必要とする神経難病や末期がん患者、脳血管疾患後遺症等の重度要介護者など、医療的なケアを必要とする利用者に対応している通所介護。医師や看護師と連携して、食事や入浴などの日常生活支援、生活機能向上のための機能訓練、口腔機能向上サービスが提供されます（送迎つき）。

　自宅にこもりきりになりがちな利用者の孤立感の解消、心身機能の維持回復を目的とし、家族のレスパイト対応にも役立っています。

通所リハビリテーション
つうしょ

より専門的なリハビリを提供

　医師の管理のもとで、理学療法士・作業療法士・言語聴覚士等が医療的ケアとリハビリテーションを提供するサービス。いわゆるデイケア。病院・診療所、老健、介護医療院で提供されています。デイサービスにおける機能訓練よりも、専門的なリハビリテーションや医療処置に対応しています。リハビリのための設備が整っており、専門的指導が受けられるのが特徴です。

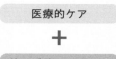
医療的ケア
＋
リハビリテーション

短期入所生活介護
たんきにゅうしょせいかつかいご

介護者のレスパイトにも利用できる

　特別養護老人ホームなどの福祉施設で、数日から数週間ほど利用者の宿泊を受け入れて、食事・排泄・入浴など日常生活上の介助や、レクリエーションを提供するサービス。連続30日までの利用が可能です。利用に際しては、原則として施設に事前予約を入れ、ケアプランに位置づける必要があります。

レスパイト　最大30日
食事・排泄・入浴など日常生活上の介助、レクリエーション

短期入所療養介護
たんきにゅうしょりょうようかいご

一定期間泊まり必要な医療を受ける

　介護老人保健施設や介護療養型医療施設、介護医療院、病院・診療所で数日から数週間にわたって利用者の一時的な入所を受け入れて、看護・医学的管理のもとに介護や機能訓練、その他必要な医療を提供するサービス。医師の配置が義務づけられていて、看護職やリハビリテーション専門職も手厚く配置されているのが特徴です。連続30日までの利用が可能です。

さまざまな目的で利用できる

集中的にリハビリを受ける

定期検査を受ける

認知症の状態を観察してもらう

ターミナルケアの医療的処置が必要な場面での日帰り利用

7　介護保険サービス

8　医療系サービス

9　費用と介護報酬

10　地域支援事業、地域包括支援センター

11　認知症・精神疾患

12　インフォーマルサポート

居宅療養管理指導
（きょたくりょうようかんりしどう）

在宅医療のニーズの高い人に行う

　医師・歯科医師・薬剤師・歯科衛生士（保健師・看護師・准看護師）・管理栄養士が、通院が困難な利用者の自宅を訪問し、療養上の管理・指導を行うこと。

医師・歯科医師	療養生活の質を向上させる管理・指導
薬剤師	処方薬の服薬に関する管理・副作用などの説明
歯科衛生士等	口腔ケアや嚥下機能維持に関する指導
管理栄養士	利用者の状態に合わせた献立づくり、調理法の指導

福祉用具貸与・販売
（ふくしようぐたいよ・はんばい）

介護用品のレンタルや購入を支援

　在宅での自立した生活を送るために必要な福祉用具をレンタルしたり販売したりするサービス。都道府県の指定を受けた事業者が行います。レンタルに関しては、利用可能な品目があらかじめ決まっています（下表）。レンタルに適さない、入浴や排泄に関する用具は販売対象です。

・車いすおよび付属品
・特殊寝台および付属品
・床ずれ防止用具
・体位変換器
・手すり
・スロープ

・歩行器
・歩行補助つえ
・認知症老人徘徊感知（はいかい）機器
・移動用リフト（つり具の部分を除く）
・自動排泄処理装置

福祉用具
（ふくしようぐ）

貸与・購入いずれも介護保険適用に

　介護が必要な高齢者の日常生活を補助するために用いられる用具のこと。利用者の在宅生活における自立を助けるもの（車いすや介護ベッド、手すり・スロープ・歩行器等）については、介護保険の給付対象となっています（貸与）。他人が使用したものを再利用することに心理的に抵抗感を覚えるもの（腰掛便座や入浴補助道具、簡易浴槽、移動用リフトのつり具の部分等）については、特定福祉用具として販売され、その購入費用が介護保険の対象となっています。

使用が想定しにくい状態像／要介護度
（しようそうてい／じょうたいぞう／ようかいごど）

軽度者への福祉用具貸与

　必要のない福祉用具の利用でかえって自立が阻害されたり、貴重な介護保険財源が無駄に費消されることのないように、福祉用具の品目ごとに、どういう状態像で、どういう要介護度の場合に「利用が不適」と判断され、保険給付の対象外となり得るか――を示した基準のこと。正式な文書名は、厚生労働省老健局振興課長通知による「介護保険における福祉用具の選定の判断基準」。

全国平均貸与価格と貸与価格の上限

全国平均価格から上限額を設定

　福祉用具貸与の対象商品について、各事業者の"値づけ"による貸与価格を商品ごとに集計し、それぞれ全国の平均値として算出したものが「全国平均貸与価格」です。厚生労働省がホームページ上で公表しています。こ

れに「1標準偏差（1SD）」を加えた額を、厚生労働省は「貸与価格の上限」として定め、上限額を超えた価格での貸与を保険給付の対象外としています。上限額は3年に一度、見直されます。

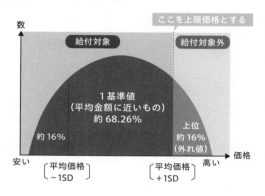

住宅改修

住環境を整えることで自立を目指す

　居宅の住環境を整え、安全・快適に過ごせるように、指定事業者が小規模な家屋の改修を行うサービス。介護保険より費用の一部が支給されます。

　介護保険が適用される費用は20万円まで、改修の種類は以下の表のとおり、本工事5種類に各本工事の付帯工事を加えた6種類となり、事前申請が必要です。

本工事	付帯工事例
手すりの取り付け	手すりの取り付けのための壁の下地補強
段差の解消	浴室の床の段差解消に伴う浴室の給排水設備工事、スロープの設置に伴う転落防止柵設置
床材の取り替え	下地補強や根太の補強、玄関アプローチの材料を変更するための路盤整備
扉の取り替え	扉の取り替えに伴う壁または柱の改修工事
便器の取り替え	便器の取り替えに伴う給排水設備工事・床材の変更

7 介護保険サービス

8 医療系サービス

9 費用と介護報酬

10 地域支援事業、地域包括支援センター

11 認知症・精神疾患

12 インフォーマルサポート

7 介護保険サービス

8 医療系サービス

9 費用と介護報酬

10 地域支援事業、地域包括支援センター

11 認知症・精神疾患

12 インフォーマルサポート

住宅改修が必要な理由書

住まいをアセスメント

住宅改修の利用にあたって、支給申請書とともに市町村に提出する添付書類の一つ。利用者の身体状況や介護状況と、「どこをどのように改修するのか」「それが利用者の自立支援にどのように役立つか」を記すもので、これをもとに市町村は支給の適否を判断します。

「住宅改修が必要な理由書」を作成できる人

以下の資格の有資格者またはこれに準ずる資格等を持つ者

ケアマネジャー	地域包括支援センター職員	作業療法士	理学療法士	福祉住環境コーディネーター（2級以上）

「住宅改修が必要な理由書」の記載内容

＜総合的状況＞
・利用者の身体状況
・介護状況
・住宅改修により、利用者等は日常生活をどう変えたいか
・福祉用具の利用状況と住宅改修後の想定

「総合的状況」を踏まえて…
①改善をしようとしている生活動作
②具体的な困難な状況
③改修目的と改修の方針
④改修項目

定期巡回・随時対応型訪問介護看護

訪問介護と訪問看護を随時に受ける

利用者が可能な限り自宅で自立した日常生活を送れるように、定期的な巡回訪問による介護を訪問看護と併せて計画的に提供し、かつ、利用者や家族からのSOSを24時間365日体制で受け付け、随時の訪問も含めて必要な対応をとるサービスのこと。対象は要介護1〜5の人で、要支援の人は受けることができません。

夜間対応型訪問介護

夜間の緊急時も安心して連絡できる

　要介護度が重い人や、一人暮らしの人の「夜間」のリスクに対応する訪問介護サービス。22時から翌日6時までを含む夜間の時間帯で、①ホームヘルパーが決められた時刻に利用者宅を短時間訪問して、安否確認やケアを提供するとともに、②利用者に「ケアコール端末」を配布して、SOSを24時間365日体制で受け付け、随時の訪問も含めた必要な対応をとります。

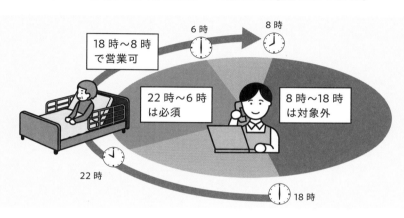

小規模多機能型居宅介護

臨機応変に支援が組み立てられる

　一つの事業所で、「通い」を中心に、短期間の「泊まり」や「訪問サービス」を組み合わせて、日常生活上の支援や機能訓練を行うサービスのこと。略して「小多機」ともいわれます。通いも、訪問も、泊まりも同じ事業所のスタッフが提供するので、ケアの連続性が確保され、なじみの関係性は利用者の安心感にもつながるとされます。利用者本人や家族の都合に合わせて臨機応変にサービス変更ができます。基本料金は1か月の定額制です。

一連のケアをなじみのスタッフが対応

7 介護保険サービス

8 医療系サービス

9 費用と介護報酬

10 地域支援事業、地域包括支援センター

11 認知症・精神疾患

12 インフォーマルサポート

7 介護保険サービス

8 医療系サービス

9 費用と介護報酬

10 地域支援事業、地域包括支援センター

11 認知症・精神疾患

12 インフォーマルサポート

サテライト型事業所

本体事業所の出張所的役割

　介護保険のサービスは、原則として事業所単位で指定を受けてサービスを提供する決まりとなっていますが、一定の条件を満たす場合、本体の事業所と離れて存在する小規模の拠点・出張所についても、一体的なサービスの単位として本体事業所に含めて指定を受けることが可能です。そのようにして指定を受けた事業所のことをいいます。人材の効率的な配置が可能となる、利用者にとって身近な地域でのサービス提供が可能となる——などのメリットがあるとされます。

本体事業所

サテライト型事業所

サテライト型事業所

車等でおおむね20分以内に移動できる距離

看護小規模多機能型居宅介護

小多機＋訪問看護、医療的ケアに強み

　「小規模多機能型居宅介護」と「訪問看護」を組み合わせたサービスで、一つの事業者から「通い」「泊まり」「訪問介護」「訪問看護」の各サービスを提供します。医療的ケアに強みがあり、退院直後の在宅移行、がん末期等の看取り期や病状不安定期における在宅療養の継続、家族向けの負担軽減や相談支援といったニーズに対応しています。もともと「複合型サービス」という名称で創設されたものでしたが、サービス内容を具体的にイメージできるようにということで、2015年度に改称され、現在に至ります。

訪問

通い・宿泊

24時間・365日対応

介護　看護

一連のケアをなじみのスタッフが対応

認知症対応型共同生活介護（グループホーム）

にん ち しょうたい おう がたきょうどう せい かつ かい ご

認知症の人の共同生活を支援

　認知症の人が、地域のなかの落ち着いた環境で各自役割を持って暮らすことができるように、少人数の定員の住居で入居を受け入れ、そこでの共同生活をサポートし、必要なケアを行うサービスのこと。この場合の入居する住居が、グループホームです。2006年度に、居宅サービスから地域密着型サービスに移行し、市町村の管轄になりました。1つ

の共同生活住居の定員は5〜9人で、1事業所に設けることができる共同生活住居は1以上3以下なので、入居を希望してもなかなか入りにくい点が課題となっています。

　利用料金として、介護サービス費のほか、居住費、食費、おむつ代などの日常生活費が請求されます。さらに初期費用として入居一時金も必要とされます。

利用できる人

- ☑ 要支援2〜要介護5の認定を受けていること
- ☑ 認知症であること（医師の診断書によって確認する）
- ☑ 事業所のある市町村に住民票があること
- ☑ 少人数による共同生活を営むことに支障がないこと

地域密着型通所介護

ち いき みっちゃくがた つう しょ かい ご

少人数で落ち着いたケアを提供

　地域密着型サービスに位置づけられた通所介護。いわゆる小規模デイサービス。定員は18人以下で（通常の通所介護は19人以

上）、原則として事業所と同一の市町村に居住する人に利用が限られた、身近な地域の通所介護です。支援内容そのものは通常の通所介護と同じです。

A市以外の人は利用不可

A市

A市市民　利用可　✕

地域密着型通所介護		通所介護 (参考)
定員18人以下	規模	定員19人以上
原則として事業所と同じ市町村内に住む要介護1以上の被保険者	利用要件	要介護1以上の被保険者

7 介護保険サービス

8 医療系サービス

9 費用と介護報酬

10 地域支援事業、地域包括支援センター

11 認知症・精神疾患

12 インフォーマルサポート

7 介護保険サービス

8 医療系サービス

9 費用と介護報酬

10 地域支援事業、地域包括支援センター

11 認知症・精神疾患

12 インフォーマルサポート

認知症対応型通所介護

認知症の利用者に特化したサービス

認知症の利用者を対象に専門的なケアを提供する通所介護サービス。認知症の人に限定したサービスが特徴で、小規模・少人数なので、一般的な通所介護では職員や環境になじめなかった人が、落ち着いてケアを受けることのできる場所です。地域密着型サービスの一つとして位置づけられており、事業所の指定や指導監督は市町村で行っています。

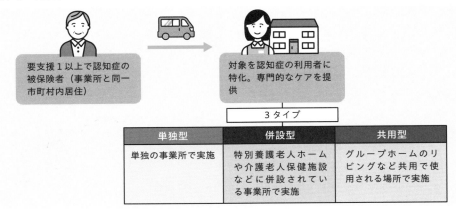

| | 要支援1以上で認知症の被保険者（事業所と同一市町村内居住） | | 対象を認知症の利用者に特化。専門的なケアを提供 |

3タイプ

単独型	併設型	共用型
単独の事業所で実施	特別養護老人ホームや介護老人保健施設などに併設されている事業所で実施	グループホームのリビングなど共用で使用される場所で実施

地域密着型特定施設入居者生活介護

定員29人以下の特定施設が行うケア

同一市町村内の被保険者を対象とした小規模の特定施設による特定施設入居者生活介護サービスのこと。定員は29人以下。地域密着型サービスの一つで、事業者の指定は市町村が行います。通常の特定施設入居者生活介護とは異なり、利用者・家族、市町村、地域包括支援センター、地域住民などで構成する「運営推進会議」を2か月に1回程度開催することが義務づけられています。

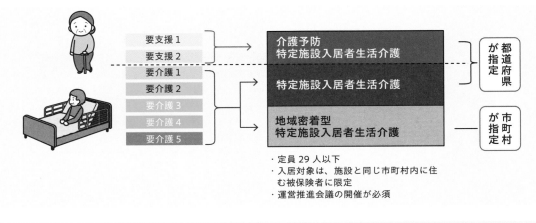

要支援1 要支援2	介護予防 特定施設入居者生活介護	都道府県が指定
要介護1 要介護2 要介護3 要介護4 要介護5	特定施設入居者生活介護	
	地域密着型 特定施設入居者生活介護	市町村が指定

・定員29人以下
・入居対象は、施設と同じ市町村内に住む被保険者に限定
・運営推進会議の開催が必須

地域密着型介護老人福祉施設入所者生活介護

定員29人以下の小規模な特養で提供されるサービス

入所定員が29人以下の小規模な特別養護老人ホームで提供されるサービス。2006年度の介護保険制度改正で新たにできたサービスで、利用施設と同一の市町村に住んでいる人が対象です。入所条件やサービス内容は、介護老人福祉施設と同じで、サテライト型（本体の介護老人福祉施設が別の場所にあるもの）と、単独型、併設型（居宅サービス事業所等と併設されたもの）があります。入所一時金は不要で、利用料金の内容は介護老人福祉施設と同じですが、介護サービス費は若干高めの設定となっています。

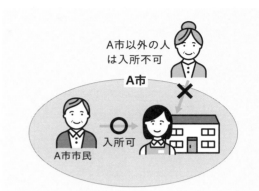

介護老人福祉施設

施設の数が多く、費用も安い

常時介護を必要とし、自宅での生活が困難となった高齢者に、生活全般に関する介護を提供する施設のこと。特別養護老人ホームの入所者に対して提供される施設サービスです。入浴、排泄、食事などの介護、その他の日常生活の世話、機能訓練、健康管理と療養上の世話を行います。看取りにも対応します。施設のなかでは最も数が多く、比較的費用が安いので、入所を希望する人が殺到し、待機者が多いのも特徴です。原則要介護3以上の認定を受けた人でないと入れません。

入所条件

☑ 第1号被保険者または第2号被保険者
☑ 要介護3以上の認定を受けていること
☑ 単身、家族が病弱であるなど、自宅での生活が困難であること

介護老人福祉施設

※利用は先着順ではなく、施設が開催する判定会議で、必要度を考慮して決められる

7 介護保険サービス

8 医療系サービス

9 費用と介護報酬

10 地域支援事業、地域包括支援センター

11 認知症・精神疾患

12 インフォーマルサポート

介護老人保健施設

リハビリを受けて在宅復帰

　要介護者で在宅復帰を望んでいる人を対象とし、可能な限り自立した生活が送れるようにリハビリテーションをメインに提供している施設。老健という略称で呼ばれています。日常生活に関する介護を受けながら、理学療法士・作業療法士・言語聴覚士によるリハビリや、医師・看護師による医療が受けられます。ここに入所できるのは、症状が安定していて、入院や治療の必要がない要介護1以上の人です。在宅復帰を目指す施設なので、入所期間はおよそ3か月から6か月以内とされています。

介護老人保健施設

在宅復帰へ！

病院　　　　　　　　　　　　　　自宅

介護医療院

長期療養が必要な高齢者が入所

　廃止が決定した介護療養型医療施設に代わって2018年度に新設された、長期的な医療と介護が必要な高齢者に対し日常的な医学管理や看取り・ターミナルケアを提供する施設。医療機能、生活施設としての機能を一体的に提供します。重篤な身体疾患を有する人や身体合併症のある認知症高齢者の人に長期療養を行うことを目的としているため、要支援1・2の高齢者は利用できません。Ⅰ型とⅡ型があり、Ⅰ型は要介護度の高い人、Ⅱ型は、Ⅰ型に比べて容態が比較的安定した人が入所しています。

「日常的な医学管理」
「看取り・ターミナルケア」
などの医療機能

＋

「生活施設」
としての機能

7 介護保険サービス

8 医療系サービス

9 費用と介護報酬

10 地域支援事業、地域包括支援センター

11 認知症・精神疾患

12 インフォーマルサポート

介護療養型医療施設

医療の必要な利用者の長期療養施設

療養病床等のある病院や診療所であり、症状が安定期になった要介護者に対して、施設サービス計画に基づき、療養上の管理、看護、医学的管理下における介護やその他の世話、および機能訓練、必要な医療を行うことを目的とした施設のこと。

2012年3月をもって、廃止が決定され、新設は認められていませんが、経過措置により、2024年3月末まで存続が暫定的に認められています。

そのうちの多くは介護医療院への転換が進められているところです。

多床室

相部屋なので居住費が安価

従来型多床室とも呼ばれる介護老人福祉施設・介護老人保健施設など介護保険施設における居室の形態。多くの介護スタッフが多数の入所者の介護を行うスタイルです。

通常一部屋に2～4人が相部屋で生活しています。居室の前には廊下があり、食堂やリビングなどの共有空間は独立した場所にあるのが一般的です。

プライバシーの確保や個別性のあるケアは受けにくい環境ですが、個室と比べて居住費は安価に抑えられているため、ユニット型個室が好まれるなかでも、一定数の入所希望者が存在する居室となっています。

従来型個室

完全個室だが共有スペースが遠い

従来型の施設にある個室タイプの居室。完全個室ですので、プライバシーの確保という点では、ユニット型個室と比べても遜色はありません。

しかし、従来型の多床室と同様に、廊下に面して部屋が1列に並び、食堂やリビングなどの共有空間が離れているケースが多いため、移動に手間がかかり、利用者が面倒に感じて閉じこもりがちになるデメリットもあります。

居住費はユニット型個室よりやや安く、多床室よりは高くなります。

従来型個室

個室	廊下	個室
個室		個室
個室		個室
個室		個室

● 居室は個室。食堂・トイレ・浴室などは共用

7 介護保険サービス

8 医療系サービス

9 費用と介護報酬

10 地域支援事業、地域包括支援センター

11 認知症・精神疾患

12 インフォーマルサポート

ユニット型個室的多床室
<small>がた こ しつてき た しょうしつ</small>

ユニット型だが完全な個室ではない

　リビングを囲んで部屋が配置されているという点ではユニット型を踏襲していますが、完全個室とはなっておらず、居室間が可動しない壁で仕切られている部屋を指します。

　以前はユニット型準個室といわれていましたが、天井との間に一定の隙間があってもよいとされているところから、個室であるかが論議を呼び、「ユニット型個室的多床室」と呼称が変わりました。会話の声が漏れるなど、個室としての完全なプライバシーは満たされていません。従来型個室より居住費はやや高めとなっています。

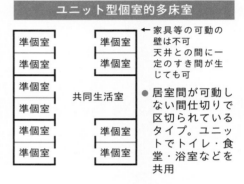

ユニット型個室的多床室

準個室	準個室
準個室	準個室
準個室	共同生活室
準個室	
準個室	準個室
準個室	準個室

← 家具等の可動の壁は不可
天井との間に一定のすき間が生じても可

● 居室間が可動しない間仕切りで区切られているタイプ。ユニットでトイレ・食堂・浴室などを共用

ユニット型個室
<small>がた こ しつ</small>

落ち着いた環境でケアを受けられる

　ユニットケアを導入している介護保険施設（介護老人福祉施設・介護老人保健施設・介護医療院等）において配置されている個室のこと。基本的に1ユニットで10人程度の入居者を介護し、スタッフも専属で固定しているため、入居者にとっては安心で落ち着いた環境でケアが受けられるのが特徴です。

　共有スペースのリビングを囲むようにして部屋があるため、入居者自身がリビングに自然と出ていって、くつろぎやすくなっています。また、職員や他の入居者とも交流しやすい雰囲気があります。

　居住費は多床室に比べて1か月に4万円近く高くなります。

ユニット型個室

個室	個室	個室	個室
個室	共同生活室（リビングスペース）	個室	個室
個室	個室	個室	

● 1ユニット（10程度の個室）で食堂・浴室などを共用。トイレは個室内にあるタイプと少人数で共用するタイプ

特定施設入居者生活介護
とくてい し せつにゅうきょ しゃ せい かつ かい ご

特定施設の入居者が受ける介護

特定施設に入居している要介護者を対象として行われる、日常生活上の世話、機能訓練、療養上の世話のこと。介護サービスの提供の仕方により、①その特定施設に常駐する介護職員・看護職員がサービスを担う「一般型」と、②外部のサービス事業者のサービスを受ける「外部サービス利用型」という2つのタイプに分けられます。②については、特定施設の職員がケアプラン作成やモニタリングなどのケアマネジメントを担います。

一般型

特定施設内の職員が
介護・看護を担う

外部サービス利用型

サービス

委託

特定施設から外部の
サービス事業者に委託
して、介護・看護を提供

※ケアマネジメントは
特定施設の職員が担当

特定施設
とくてい し せつ

厚労省の基準を満たした高齢者居住施設

高齢者を対象とした生活支援付きの集合住宅・居住施設（有料老人ホーム、サービス付き高齢者向け住宅、ケアハウス、養護老人ホーム）のうち、介護保険法上の指定事業者として、入居者に対する介護サービス（特定施設入居者生活介護）を提供できる施設のこと。なお、特定施設ではない有料老人ホームは「介護（ケア）付き」「介護（ケア）あり」などといった表示を行うことができません。

特定施設入居者生活介護の対象施設

介護付き有料老人ホーム

サービス付き
高齢者向け住宅
（有料老人ホームに該当）

ケアハウス

養護老人ホーム

7 介護保険サービス

8 医療系サービス

9 費用と介護報酬

10 地域支援事業、地域包括支援センター

11 認知症・精神疾患

12 インフォーマルサポート

7 介護保険サービス

8 医療系サービス

9 費用と介護相談

10 地域支援事業、地域包括支援センター

11 認知症・精神疾患

12 インフォーマルサポート

有料老人ホーム

民間事業者の参入が多い施設

　高齢者の暮らしを支える諸機能を兼ね備えた住まいのこと。老人福祉法では「老人を入居させ、①食事の提供、②介護（入浴・排泄・食事）の提供、③洗濯・掃除等の家事の供与、④健康管理のうち、いずれか一つでも提供している施設」と定義されています。高齢者住まい法に基づく登録住宅＝「サービス付き高齢者向け住宅」についても、この条件に該当すれば「有料老人ホーム」として取り扱われます。該当する施設は、都道府県知事に届け出なければなりません。

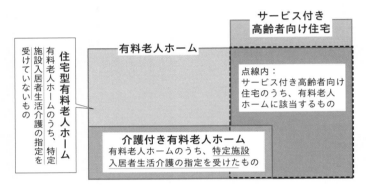

サービス付き高齢者向け住宅

民間の高齢者向け賃貸型住まい

　2001 年に施行された高齢者住まい法に基づき創設された、民間の賃貸型の住まい。介護の専門職が日中建物内に常駐して、安否確認サービスと生活相談サービスを提供します。

　介護が必要になった場合は、入居するサービス付き高齢者向け住宅が、特定施設入居者生活介護の指定を受けていればその施設から、そうでない場合は介護サービス事業者を自由に選択・変更できます。

　個室の面積は 25 ㎡以上、バリアフリーであることが求められます。

　入居申し込みは直接本人が行います。

軽費老人ホーム

定額料金の高齢者向け居住施設

　老人福祉法に基づき、比較的低額な料金で高齢者に居住の場と食事などの生活支援を提供する施設のこと。①介護が不要もしくは軽度の介護が必要な人を対象とした「一般（自立）型」と、②介護スタッフが常駐して要介護１以上の人を受け入れる「介護（特定施設）型」があります。②の介護型は特定施設の指定を受けて、介護保険の給付対象となりますが、①の一般型は入居者が外部の介護サービス事業者と個別に契約して介護サービスを受ける形となります。

　特定施設でいう「一般型」と意味合いが逆転しているので、注意が必要です。

養護老人ホーム
（ようごろうじん）

生活が困窮した高齢者をサポート

　環境上の理由と経済的理由により自宅での生活が困難となった高齢者が、老人福祉法に基づき、市町村の「措置」によって入所する施設。低額な料金で居住の場と食事などの生活支援が提供されますが、入所にあたっては市町村による審査を経なければなりません（対象者の養護の状況や心身の状況、環境、家計の状況などが調査されます）。

　介護ニーズを満たすための施設ではないので、介護職員の配置は必置ではありませんが、特定施設の対象施設の一つに加えられています。類型としては「外部サービス利用型」に該当します。

宅老所
（たくろうしょ）

民間独自の福祉サービス

　民間独自の福祉サービスを提供し、介護保険サービスなど既存の制度では手の届かない人に対してきめ細かく対応している地域に根ざした場所。高齢者だけが対象ではなく、障害者や児童までを対象としたところもあり、地域共生社会へのアプローチとして注目されています。

　宅老所の多くは、市街地など住み慣れた地域のなかにある民家で、地元のボランティアも多く参加しているので、「地域で高齢者を支えるところ」といったイメージです。介護保険の指定を受けデイサービスを提供している宅老所もあります。

7　介護保険サービス

8　医療系サービス

9　費用と介護報酬

10　地域支援事業、地域包括支援センター

11　認知症・精神疾患

12　インフォーマルサポート

8 医療系サービス

── 押さえておきたいことばの一覧 ──

- 訪問診療
- 往診
- 在支診 （在宅療養支援診療所）
- 在支病 （在宅療養支援病院）

- 療養上の世話
- 訪問看護指示書
- 特別訪問看護指示書
- 特別管理加算

- 別表第7
- 別表第8

心身機能が低下しても「よりよく生きる」「自分らしい充実した人生を送る」
ためには、医療によるサポートが欠かせません。そのため、要介護・要支援の
状態の人に共通の医療ニーズに対応する診療行為や看護サービスが、介護保険
制度のもとで提供されます。医療職と介護職が、それぞれの専門性のもと、共
通の目標に向けて連携することが大事です。

訪問診療
ほう もん しん りょう

在宅療養の継続を計画的にサポート

通院が困難な患者に対して医師が自宅を定期的・計画的に訪問し、診療・治療・健康相談・療養相談を行うこと。「○月△日×時」というように、事前に予定を定めて実施します。予期せぬ急変などに対応する「往診」とは区別されます。

患者がほかにかかっている医療機関とも連携しながら診療計画を立て、容態急変時には入院先を紹介したり、入院の手配などを行うのも、訪問診療を担う医師の役割です。転倒や寝たきりの予防、栄養状態の管理、肺炎や褥瘡の予防などを行い、長く在宅で過ごせるように医師がサポートします。

定期的・計画的な訪問

次は○月△日 × 時…

往診
おう しん

容態の急変や突発的事態に対応

自宅療養中に急変や突発的なことが起こったときなど、本人や家族からの連絡・相談を受け、速やかな対処が必要だと判断した医師が、急遽患者宅を訪問して診療を行うこと。救急車を呼ぶほどの状況ではない場合に、日ごろより世話になっているかかりつけ医に依頼して、予定外の診察に来てもらうようなケースをいいます。似たような言葉で「訪問診療」という用語もありますが、こちらは「計画的・定期的に」患者宅を訪れて診療する行為であるので、明確に区別されており、診療報酬も両者別々に設定されています。

急変等に対応した予定外の訪問

では伺います

熱が下がらなくて…

7 介護保険サービス

8 医療系サービス

9 費用と介護報酬

10 地域支援事業、地域包括支援センター

11 認知症・精神疾患

12 インフォーマルサポート

7 介護保険サービス

8 医療系サービス

9 費用と介護報酬

10 地域支援事業、地域包括支援センター

11 認知症・精神疾患

12 インフォーマルサポート

在支診
（在宅療養支援診療所）

24 時間体制で在宅医療を支える診療所

　在宅診療に取り組む診療所のなかで、厚生労働大臣の定める所定の施設基準を満たして地方厚生局に届出し、認可された施設のこと。受け持ちの患者に対し、かかりつけ医として一元的に療養管理をする役割を担います。患者や家族からの連絡・相談を24 時間 365 日体制で受け、必要に応じて往診や訪問看護が可能な体制を確保しています。

在支病
（在宅療養支援病院）

24 時間体制で在宅医療を支える病院

　在支診の病院版。24 時間 365 日の在宅療養支援体制が必要なのは在支診と同じですが、それに加えて「在宅療養患者が緊急時に入院できる病床が、常に院内に確保されていること」という要件が加わります（有床診療所の在支診も同様）。

　在支病に求められるのは、在支診との連携、在宅患者の緊急検査・緊急入院が可能であること、十分なリハビリテーションを提供できること、入院時から退院計画を立てて、早期在宅復帰に努めること——などです。一人開業医の夜間対応の支援や家族のレスパイト対応も求められています。

療養上の世話

看護師の判断で実施されるケア

　診療の補助と併せて看護師によって提供されるケア。患者（利用者）に安全かつ衛生的な療養環境を確保し、経過を観察しながら療養生活上の援助を行います。診療の補助とは異なり、看護師の判断で実施されます。

　介護職員による援助内容とも重なる部分が多く、介護職と連携・分担する場面も見られます。医療依存度の高い利用者や、さまざまなリスクが考えられる利用者へのケアでは、医療知識を備えた看護師の視点が重要であるとされます。

体温や血圧の測定　　体位変換

食事や入浴や排泄の介助　　清拭

転倒予防　　移動介助　　ベッドメイキング

7 介護保険サービス

8 医療系サービス

9 費用と介護報酬

10 地域支援事業、地域包括支援センター

11 認知症・精神疾患

12 インフォーマルサポート

訪問看護指示書

訪問看護を指示する医師の文書

医療保険や介護保険を利用して訪問看護サービスを受ける際に必要となる指示書のこと。主治医が発行し、有効期限は6か月です。

介護保険で訪問看護を受ける場合、ケアマネジャーが作成するケアプランに組み込まれる必要があります。その際には、ケアマネジャーから主治医に訪問看護指示書の発行を依頼し、交付を受けます。これにより、介護保険制度のもとで訪問看護サービスの提供が可能となります。

平時	訪問看護指示書		要介護認定を受けた介護保険被保険者	それ以外の利用者
			介護保険の適用	医療保険の適用

特別訪問看護指示書

頻回な訪問看護が必要なケースの訪問看護指示書

訪問看護指示書が交付されている人が対象で、がん末期や急激な状態変化、退院直後などの時期に週4回以上集中して訪問看護を入れる必要があると主治医が認めたときに交付される指示書のこと。今まで介護保険で入っていた訪問看護は、これを受けて医療保険に切り替わります。

訪問看護指示書と同一の医師により発行してもらう必要があり、有効期限は、医師の診療を受けた日から14日以内です。月1回の交付と定められていますが、気管カニューレを使用している場合と、真皮を越える褥瘡のある人は、月2回まで交付を受けることが可能です。

頻回の訪問が必要な時

特別訪問看護指示書

			要介護認定を受けた介護保険被保険者	それ以外の利用者
			医療保険の適用	医療保険の適用

週4回以上、1日複数回訪問可

7 介護保険サービス

8 医療系サービス

9 費用と介護報酬

10 地域支援事業、地域包括支援センター

11 認知症・精神疾患

12 インフォーマルサポート

特別管理加算

訪問看護の「特別な管理」を評価する加算

　気管カニューレや留置カテーテルの管理、真皮を越える褥瘡の管理、週3日以上の点滴注射など、訪問看護における「特別な管理」を評価する加算のこと。「加算Ⅰ」と「加算Ⅱ」の2段階に区分されています。介護保険と医療保険のどちらにもある加算で、料金（単位）も同額ですが、要件に若干の違いがあります。介護保険の場合、複数の訪問看護ステーションからサービスを受けていても、1か所からしか請求できませんが、医療保険で加算を受けている場合は、サービスを行ったすべての事業所が請求できます。医療保険と介護保険で同時算定できません。

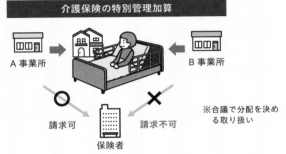

別表第7

頻度の高い訪問看護を必要とする「疾病」のリスト

　介護保険や医療保険を訪問看護で利用するにあたって、一定の条件を満たす重症度の高い利用者については、訪問時間・回数が増えても保険が適用されるしくみがあります。別表第7はその条件となる疾病が掲載されたものです。厚生労働大臣が定めた疾病で、医療ニーズの高い利用者を対象とします。

　別表第7に該当する利用者には週4回以上の訪問看護（医療保険）が可能となります。そのほかに、医師の指示があれば、複数の訪問看護ステーションからの訪問看護や、1日複数回の訪問を受けることもできるようになります。

特掲診療料別表第7

末期の悪性腫瘍、多発性硬化症、重症筋無力症、スモン、筋萎縮性側索硬化症、脊髄小脳変性症、ハンチントン病、進行性筋ジストロフィー症、パーキンソン病関連疾患、多系統萎縮症、プリオン病、亜急性硬化性全脳炎、ライソゾーム病、副腎白質ジストロフィー、脊髄性筋萎縮症、球脊髄性筋萎縮症、慢性炎症性脱髄性多発神経炎、後天性免疫不全症候群、頸髄損傷、人工呼吸器を使用している状態

別表第8

頻度の高い訪問看護を必要とする「状態等」のリスト

別表第7が「疾病」であるのに対し、別表第8は厚生労働大臣が定める「状態等」が記載されたものになります。

人工肛門または人工膀胱を設置している状態、真皮を越える褥瘡の状態にある人、気管カニューレまたは留置カテーテルを使用している状態にある人などが該当します。

別表第7の該当者同様に、特別な管理が必要なので、時間や回数にとらわれることなく訪問看護が利用できます。そのため、特別管理加算のほかにも、長時間の訪問看護や複数回の訪問看護を受けるための加算も創設されています。

特掲診療料別表第8

①在宅悪性腫瘍等患者指導管理もしくは在宅気管切開患者指導管理を受けている状態にある者または気管カニューレもしくは留置カテーテルを使用している状態にある者

②在宅自己腹膜灌流指導管理、在宅血液透析指導管理、在宅酸素療法指導管理、在宅中心静脈栄養法指導管理、在宅成分栄養経管栄養法指導管理、在宅自己導尿指導管理、在宅人工呼吸指導管理、在宅持続陽圧呼吸療法指導管理、在宅自己疼痛管理指導管理または在宅肺高血圧症患者指導管理を受けている状態にある者

③人工肛門または人工膀胱を設置している状態にある者

④真皮を越える褥瘡の状態にある者

⑤在宅患者訪問点滴注射管理指導料を算定している者

7 介護保険サービス

8 医療系サービス

9 費用と介護報酬

10 地域支援事業、地域包括支援センター

11 認知症・精神疾患

12 インフォーマルサポート

カテゴリー

9

費用と介護報酬

- 介護給付
- 予防給付
- 区分支給限度基準額
- 利用者負担
- 応能負担／応益負担
- 償還払い
- 受領委任払い
- 高額介護サービス費
- 高額医療・高額介護合算療養費
- 現役並み所得者
- 市町村特別給付(横出しサービス)
- 上乗せサービス
- 食費・居住費
- 特定入所者介護サービス費(補足給付)
- 特例減額措置
- 介護報酬
- 単位／1単位の単価
- 級地(地域区分)／人件費割合区分
- 人員・設備及び運営基準
- 報酬算定基準

カテゴリー ⑨ 費用と介護報酬

区分支給限度額

| 1～3割 自己負担 | 7～9割 介護保険給付 | 全額自己負担 |

自己負担の割合は収入によって異なります

―――――― 押さえておきたいことばの一覧 ――――――

- 介護給付
- 予防給付
- 区分支給限度基準額
- 利用者負担
- 応能負担／応益負担
- 償還払い
- 受領委任払い
- 高額介護サービス費

- 高額医療・高額介護合算療養費
- 現役並み所得者
- 市町村特別給付（横出しサービス）
- 上乗せサービス
- 食費・居住費
- 特定入所者介護サービス費（補足給付）

- 特例減額措置
- 介護報酬
- 単位／1単位の単価
- 級地（地域区分）／人件費割合区分
- 人員・設備及び運営基準
- 報酬算定基準

介護保険制度のもとで提供されるサービスは、人員配置、施設・設備、事業運営の基準を満たした事業者が、介護報酬算定基準に定められたルールに則って提供されます。利用者負担は1割（所得によっては2割または3割）ですが、要介護度ごとに定められた区分支給限度基準額を超えたサービス利用は全額利用者負担となります。

介護給付

7 介護保険サービス
8 医療系サービス
9 費用と介護報酬
10 地域支援事業、地域包括支援センター
11 認知症・精神疾患
12 インフォーマルサポート

要介護者向け保険給付

　保険者（市町村）が、要介護1〜5の認定を受けた被保険者に対して、介護サービス事業者を通じて行うサービス提供のこと。サービスの対価として事業者が受け取るべき料金（介護報酬）の9割、8割または7割が保険者から給付され、残りの1割、2割または3割を利用者が自己負担します。ただし、要介護度ごとに給付の上限（区分支給限度基準額）が定められています。

要介護1〜5
の被保険者　利用者負担　サービス事業者　介護報酬　保険者（市町村）　サービス提供

サービス事業者を通じた保険者→被保険者
のサービス提供が「介護給付」

予防給付

要支援者向け保険給付

　保険者（市町村）が、要支援1・2の認定を受けた被保険者に対して、介護サービス事業者を通じて行うサービス提供のこと。
　予防給付は、利用者の状態が現状より悪化しないよう予防することが目的であるため、施設サービスは利用できず、地域密着型サービスも利用が限られます。訪問介護や通所介護は、予防給付ではなく、市町村がそれぞれ予算を組んで実施する地域支援事業として提供されます。

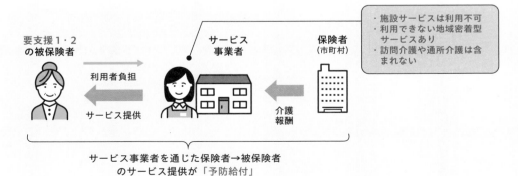

要支援1・2
の被保険者　利用者負担　サービス事業者　介護報酬　保険者（市町村）　サービス提供

・施設サービスは利用不可
・利用できない地域密着型
　サービスあり
・訪問介護や通所介護は含
　まれない

サービス事業者を通じた保険者→被保険者
のサービス提供が「予防給付」

7 介護保険サービス

8 医療系サービス

9 費用と介護報酬

10 地域支援事業、地域包括支援センター

11 認知症・精神疾患

12 インフォーマルサポート

区分支給限度基準額

要介護度ごとの給付上限

　利用可能な居宅サービス等の上限を示した単位数のこと。要介護度別に設定されていて、この金額を超えてサービスを利用すると、超過分は全額自己負担となります。

　日常生活のニーズを満たす介護サービスは、医療とは違って「利用に歯止めが利きにくい」特性があり、同じ要介護度であっても利用者のニーズが多様であることなどから、このようなしくみが設けられました。

　なお、医師等の判断により行われる「居宅療養管理指導」などについては、限度額は適用されません。政策上の配慮から限度額の対象外とされている加算も、複数あります。

区分	要支援1	要支援2	要介護1	要介護2	要介護3	要介護4	要介護5
区分支給限度基準額	5,032	10,531	16,765	19,705	27,048	30,938	36,217

利用者負担

利用のつど、費用の一部を負担

　利用した介護保険サービスの対価＝介護報酬のうち、被保険者（利用者）が自己負担で支払う費用のこと。原則として費用の「1割」を負担するものと定められていますが、一定以上の所得がある場合は「2割」または「3割」となります（介護保険被保険者証とともに郵送されてくる「介護保険負担割合証」に明記されています）。

　介護保険施設を利用する場合は、そのほかに、居住費、食費、理美容代、日常生活費の負担も別途必要となります。

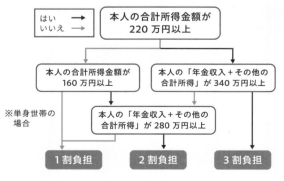

1割負担の利用者
1,000円を
事業者に支払い

2割負担の利用者
2,000円を
事業者に支払い

3割負担の利用者
3,000円を
事業者に支払い

応能負担／応益負担

利用者負担額の決まり方——サービス利用量か、所得の多寡か

　応能負担とは、利用者の負担能力（所得が多いか少ないか）に応じて負担額が決まるしくみのこと。応益負担とは、利用者の受けた利益（実際に提供されたサービスの価値）に応じて負担が決まるしくみのことです。

　社会保障制度の給付では、応能負担と応益負担を組み合わせた形で、制度設計されています。例えば、障害者総合支援制度では、利用者はかかったサービス費の1割を負担しますが（＝応益負担）、所得に応じて定められた「負担上限月額」に達したら、それ以上の負担は不要となっています（＝応能負担）。

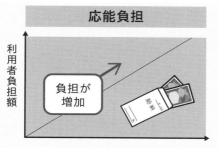

応能負担

利用者負担額

負担が増加

その人の所得

応益負担

利用者負担額

負担が増加

その人が利用したサービス

償還払い

代金を全額支払い、後で還付を受ける

　サービスや物品購入にかかった費用の全額を、利用者が事業者に支払ったうえで、後日、市町村に給付を請求して、現金（口座振込）で還付を受ける流れのこと。市町村から支払われる給付額は、所得区分に応じた利用者負担を控除した金額となります。この方式では、利用者は事業者に払い込む福祉用具購入費・住宅改修費の全額分をあらかじめ用意しなければならず、かつ、市町村に請求する事務手続きも必要となります。福祉用具購入費、住宅改修費、高額介護サービス費、特例居宅介護サービス費などが、この方式で支給されます。

まずは全額支払う。後日7〜9割分が戻る

利用者

① 代金支払い（10割分）　施工・工事・納品

事業者

② 保険給付（7〜9割分）　支給申請

市町村

7 介護保険サービス
8 医療系サービス
9 費用と介護報酬
10 地域支援事業・地域包括支援センター
11 認知症・精神疾患
12 インフォーマルサポート

7 介護保険サービス

8 医療系サービス

9 費用と介護報酬

10 地域支援事業、地域包括支援センター

11 認知症・精神疾患

12 インフォーマルサポート

受領委任払い
<small>じゅりょう い にんばら</small>

利用者負担を払うだけでよい

　給付の支払い方式の一つで、利用者は利用者負担（1割、2割または3割）を受領委任払い取り扱い事業者に支払い、残額は事業者が市町村に請求して支払いを受けるという方式です。この方式では、利用者は多額の現金を用意する必要はなく、市町村に償還請求する事務手続きも不要です。

　住宅改修費や福祉用具購入費等は償還払いが原則ですが、約65％の市町村でこちらの代理受領方式による支払いも受け付けています（2021年4月現在）。

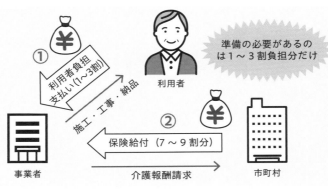

準備の必要があるのは1～3割負担分だけ

① 利用者負担支払い（1～3割）
施工・工事・納品
利用者
② 保険給付（7～9割分）
事業者　　介護報酬請求　　市町村

高額介護サービス費
<small>こう がく かい ご ひ</small>

利用者負担額の払い戻し制度

　介護保険サービス事業者に支払った利用者負担額が「負担限度額」を超えた場合、申請により、後日超過分が払い戻される制度のこと。負担限度額は所得に応じて決められています。

　なお、要介護区分ごとに定められた支給限度基準額を超えて支払った自己負担分については、高額介護サービス費の対象とはなりません。同様に、住宅改修にかかった費用や、福祉用具購入費、施設に入所した際に支払う食費・居住費等についても、高額介護サービス費の対象外です。

自己負担段階区分		負担の上限額（月額）
市町村民税課税世帯	課税所得690万円（年収約1,160万円）以上	140,100円（世帯）
	課税所得380万円（年収約770万円）以上　課税所得690万円（年収約1,160万円）未満	93,000円（世帯）
	課税所得380万円（年収約770万円）未満	44,400円（世帯）
市町村民税非課税世帯		24,600円（世帯）
	・老齢福祉年金を受給している人	24,600円（世帯）
	・前年の合計所得金額と課税年金収入額の合計が年間80万円以下の人等	15,000円（個人）
生活保護を受給している人等		15,000円（個人）

高額医療・高額介護合算療養費

制度横断の払い戻し制度

医療保険と介護保険双方の自己負担が著しく高額となって家計が窮迫するのを防ぐために、制度横断で設けられている払い戻し制度のこと。毎年8月から翌年7月末までの1年間に支払った医療保険と介護保険の自己負担額を、世帯内の同一の医療保険制度に加入している家族等全員で合算して、年間の限度額を超えた場合は、申請により、その超えた額が「高額医療・高額介護合算療養費」として払い戻されます。限度額は、所得区分ごとに設定されています。

限度額表

所得区分	75歳以上 介護保険+ 後期高齢者医療	70〜74歳 介護保険+国保	70歳未満
年収約1,160万円以上	212万円	212万円	212万円
年収約770万〜約1,160万円	141万円	141万円	141万円
年収約370万〜約770万円	67万円	67万円	67万円
年収約156万〜約370万円	56万円	56万円	60万円
市町村民税世帯非課税	31万円	31万円	34万円
市町村民税世帯非課税 （年金収入80万円以下）	19万円	19万円	34万円

現役並み所得者

医療保険の自己負担割合が3割の人

所得水準が現役世代と同等に達していることから、医療保険の自己負担割合が「3割負担」に設定された70歳以上の人のこと。通常、70〜74歳は2割負担、75歳以上は1割負担（75歳以上で現役並みに準ずる所得のある人は2割負担）となっています。「高額医療・高額介護合算療養費」の所得区分にも登場する用語です。

> **市町村民税課税所得が145万円以上**
> （同一医療保険に加入する同一世帯内の人も含む）

※ただし、以下の場合は申請して認められれば対象外

| 2人以上の世帯で、同一世帯の被保険者の合計収入額が520万円未満 | 単身世帯で、本人の収入額が383万円未満 |

7 介護保険サービス

8 医療系サービス

9 費用と介護報酬

10 地域支援事業、地域包括支援センター

11 認知症・精神疾患

12 インフォーマルサポート

7 介護保険サービス

8 医療系サービス

9 費用と介護報酬

10 地域支援事業、地域包括支援センター

11 認知症・精神疾患

12 インフォーマルサポート

市町村特別給付（横出しサービス）

市町村独自の生活支援サービス

　市町村ごとに独自の条例で定めて、市町村内の第1号被保険者の保険料収入を財源として実施する「配食サービス」「紙おむつの支給」「移送サービス」「寝具乾燥サービス」など、介護給付や予防給付以外の生活支援サービスのこと。全国一律のしくみではなく、一部の市町村での取り組みとなり、内容も地域ごとに異なります。

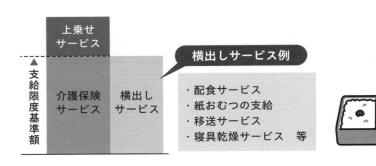

上乗せサービス

市町村独自の給付上積み

　支給限度基準額を超える量のサービスを必要とする利用者向けに、保険者（市町村）が財源負担して、独自の基準を定めて利用可能な給付を上積みするしくみのこと。

　全国一律のしくみではなく、一部の市町村での取り組みとなります。

●上乗せサービスの例
・居宅サービスの支給限度基準額の上積み
・住宅改修費の支給限度基準額の上積み

支給限度基準額上積みのイメージ

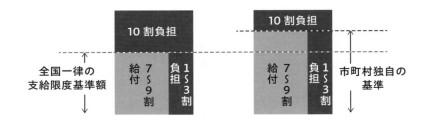

食費・居住費

施設入所時に実費負担するホテルコスト

衣食住のうち、「食」に要する経費および「住」に要する経費のこと。「ホテルコスト」と称することもあります。介護保険施設（介護老人福祉施設・介護老人保健施設・介護医療院等）への入所にあたっては、居宅介護との公平性を保つ観点から、原則として利用者に全額実費が請求されます（介護給付には含まれない）。金額は施設ごとに定められますが、適正な契約が行われるように、利用者への書面による事前説明や同意手続きのあり方を定めたガイドラインが国から出されています。

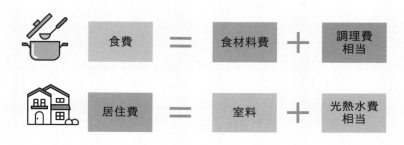

特定入所者介護サービス費（補足給付）

食費・居住費負担の軽減措置

所得の低い人が介護保険施設に入所または短期入所する際に支給される、食費・居住費負担の軽減を目的とした給付のこと。補足給付ともいいます。本来は施設が任意に設定する食費・居住費に、標準的な費用（基準費用額）を設定し、所得に応じて利用者負担第1段階、第2段階、第3段階①、第3段階②の区分ごとに負担限度額を設け、それを超えた金額を介護保険から支給します。利用者負担第4段階（市町村民税課税世帯）の人には支給されませんが、要件を満たせば「特例減額措置」が受けられます。なお、グループホーム、有料老人ホーム、デイサービスは支給対象外です。

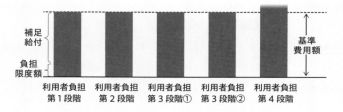

※第4段階は補足給付の対象ではないので、基準費用額にかかわらず施設の定めた料金を支払います

7 介護保険サービス

8 医療系サービス

9 費用と介護報酬

10 地域支援事業、地域包括支援センター

11 認知症・精神疾患

12 インフォーマルサポート

特例減額措置

とくれいげんがくそち

市町村民税課税世帯への特例的な負担軽減

特定入所者介護サービス費の対象外である「利用者負担第4段階」（市町村民税課税世帯）の人に対して、条件つきで適用される食費・居住費の特例的な負担軽減措置のこと。

高齢夫婦世帯で、いずれかが施設に入所して食費・居住費を負担した結果、在宅に残された配偶者が生活困難に陥る場合に、申請して認められれば軽減されます。

要件：以下すべてに該当すること

- ☑ 世帯の年間収入から施設の利用者負担（介護保険利用料・食費・居住費）を除いた額が「80万円以下」
- ☑ 世帯の預貯金等の合計額が「450万円以下」
- ☑ 処分可能な資産がない
- ☑ 介護保険料を滞納していない

介護報酬

かいごほうしゅう

事業者に支払われる介護サービスの対価

提供された介護サービスの対価として支払われる報酬のこと。サービス内容を多角的に区分して設定された点数＝「単位」と、地域差を補正する係数を含めた「1単位の単価」を掛け合わせて計算されます。原則として3年ごとに実態調査を行って事業者の収支状況等を把握し、これを反映する形で改定が行われます（介護報酬改定）。介護サービスを提供した事業者や施設は、介護報酬の1割（一定以上の所得がある利用者は2割もしくは3割）を利用者負担として被保険者に請求し、残りを保険者（市町村）に請求します。

サービス　介護報酬

被保険者（利用者） ← 1～3割 請求 ← 事業者 → 7～9割 請求 → 保険者（市町村）

単位／1単位の単価

介護報酬算定の構成要素

　「単位」とは、介護保険で給付される各サービスの内容を多角的に区分して設定された点数のことで、これに「1単位の単価」を乗じたものが、各サービスの「公定価格」ということになります。単位は、①サービス種別、②サービス提供の所要時間、③利用者の要介護度、④サービス提供の規模、⑤従事者の保有する専門資格、⑥事業所の設置形態などの要素で細かく分類して、全国一律に"値づけ"されています。

　「1単位の単価」は、10円をベースとして、物価や人件費の地域差が反映されるように、地域区分と人件費割合の掛け合わせで設定されています（最大で11.40円）。

| 提供したサービスの**単位**（点数） | × | **1単位の単価**（サービス別・地域別に、10円～11.40円） | = | **介護報酬**（事業者に支払われるサービス費） |

級地（地域区分）／人件費割合区分

地域差の補正に用いられる区分

　介護報酬における「1単位の単価」の構成要素。介護報酬に物価や人件費の地域差が反映されるように、全国の市町村を「1級地」～「7級地」および「その他の地域」の8区分に分け（これを「地域区分」といいます）、さらに経費に占める人件費の割合でサービス種別を3区分に分け（これを「人件費割合区分」といいます）、両者を掛け合わせて「1単位の単価」としています。

10円 × 級地ごとの上乗せ割合 × 介護サービス種別ごとの人件費割合 = 1単位の単価

1単位の単価（サービス別、地域別に設定）

		1級地	2級地	3級地	4級地	5級地	6級地	7級地	その他
上乗せ割合		20%	16%	15%	12%	10%	6%	3%	0%
人件費割合	①70%	11.40円	11.12円	11.05円	10.84円	10.70円	10.42円	10.21円	10円
	②55%	11.10円	10.88円	10.83円	10.66円	10.55円	10.33円	10.17円	10円
	③45%	10.90円	10.72円	10.68円	10.54円	10.45円	10.27円	10.14円	10円

7 介護保険サービス
8 医療系サービス
9 費用と介護報酬
10 地域支援事業、地域包括支援センター
11 認知症・精神疾患
12 インフォーマルサポート

7 介護保険サービス

8 医療系サービス

9 費用と介護報酬

10 地域支援事業、地域包括支援センター

11 認知症・精神疾患

12 インフォーマルサポート

人員・設備及び運営基準
（じんいん・せつびおよ・うんえいきじゅん）

指定事業者として守るべきルールブック

　サービス事業者や介護施設が、介護保険制度のもとで都道府県や市町村の「指定」を受けて事業運営するうえで最低限具備するべき設備、確保するべき人員配置、遵守するべき運営のあり方などを定めたルールブックのこと。従来は国が全国一律に定めていましたが、地方分権施策の一環として、都道府県（サービスによっては市町村）が条例で定めることとなっています。条例制定にあたって、都道府県や市町村は、厚生労働省が省令によって定める基準に従う、あるいは参酌する必要があります。

報酬算定基準
（ほうしゅうさんていきじゅん）

介護報酬算定のルールブック

　介護保険サービスごとに、単位数と算定要件（事業者が介護報酬を請求するうえで満たすべき設備・構造、人員配置、手順・手続き、利用者の条件などを定めた基準）を羅列したルールブックのこと。厚生労働省の告示として示され、解釈通知によって詳しく補足されています。3年に一度の介護報酬改定とは、具体的にはこのルールブックの改定のことを意味します。

地域支援事業、
地域包括支援センター

地域支援事業、地域包括支援センター

介護予防ケアマネジメント
要介護にならないように介護支援を行う

総合相談
必要なサービスや制度を紹介

権利擁護
成年後見制度活用のサポートや虐待防止への取り組み

包括的・継続的ケアマネジメント
地域ケア会議の開催やケアマネ支援など

―――― 押さえておきたいことばの一覧 ――――

- 地域支援事業
- 介護予防・日常生活支援総合事業
- 介護予防・生活支援サービス事業
- 第1号介護予防支援事業（介護予防ケアマネジメント）
- 一般介護予防事業
- 包括的支援事業

- 総合相談支援業務
- 権利擁護業務
- 包括的・継続的ケアマネジメント支援業務
- 在宅医療・介護連携推進事業
- 生活支援体制整備事業
- 任意事業
- 介護給付等費用適正化事業

- 家族介護支援事業
- 成年後見制度利用支援事業
- 地域包括支援センター
- 地域ケア会議
- 地域包括支援センター運営協議会（運協）
- 日常生活圏域
- 通いの場
- 基本チェックリスト

介護保険の被保険者が要介護状態や要支援状態となることを予防し、かつ、要介護状態等となっても可能な限り住み慣れた地域で自立した日常生活が送れるように、全国一律の介護保険給付だけでは対応困難な部分は、市町村が地域ごとの状況に応じて実施する「地域支援事業」によってカバーされます。

地域支援事業

保険給付でカバーできない支援に対応

介護保険の被保険者が要介護状態や要支援状態となることを予防し、かつ、要介護状態等となっても可能な限り住み慣れた地域で自立した日常生活が送れるように支援する、市町村の一連の事業の総称。大きく分けて、①要支援者等を対象とした「介護予防・日常生活支援総合事業」、②地域における包括的・継続的なマネジメント機能としての「包括的支援事業」、③市町村の判断により行われる「任意事業」──という三つの事業により構成されています。

地域支援事業

介護予防・日常生活支援総合事業
- ●介護予防・生活支援サービス事業
- ●一般介護予防事業

包括的支援事業
- ●介護予防ケアマネジメント
- ●総合相談支援業務
- ●権利擁護業務
- ●包括的・継続的ケアマネジメント支援業務
- ●在宅医療・介護連携推進事業
- ●生活支援体制整備事業
- ●認知症総合支援事業
- ●地域ケア会議推進事業

任意事業
- ●介護給付等費用適正化事業
- ●家族介護支援事業
- ●その他の事業

介護予防・日常生活支援総合事業

地域の支え合いで介護予防

地域支援事業の一つで、介護予防や高齢者の自立した生活の支援のため、市町村が地域の実情に応じて実施する事業のこと。住民等の多様で主体的な参画を得て「地域の支え合い体制」を構築する取り組みと、セットで実施されているものです。大きく分けて、①要介護のリスクのある人を対象とした「介護予防・生活支援サービス事業」と、②すべての第1号被保険者と、その支援のための活動にかかわる人を対象とした「一般介護予防事業」の二つがあります。

介護予防・日常生活支援総合事業

介護予防・生活支援サービス事業
- ●訪問型サービス
- ●通所型サービス
- ●その他生活支援サービス
- ●介護予防ケアマネジメント

一般介護予防事業
- ●介護予防把握事業
- ●介護予防普及啓発事業
- ●地域介護予防活動支援事業
- ●一般介護予防事業評価事業
- ●地域リハビリテーション活動支援事業

7 介護保険サービス

8 医療系サービス

9 費用と介護報酬

10 地域支援事業、地域包括支援センター

11 認知症・精神疾患

12 インフォーマルサポート

介護予防・生活支援サービス事業

要支援者・基本チェックリスト該当者等への各種支援

　地域支援事業における「介護予防・日常生活支援総合事業」の一つで、「要支援1〜2の認定を受けた人」または「要支援1以上ではないものの、基本チェックリストで生活機能の低下があると判定された人」もしくは「継続的に利用する要介護者」を対象に、①訪問型サービス、②通所型サービス、③その他生活支援サービス（配食、洗濯、外出支援など）、④介護予防ケアマネジメント（①〜③のサービス等のケアマネジメント）を行う事業のこと。

第1号介護予防支援事業（介護予防ケアマネジメント）

要支援者・基本チェックリスト該当者等のケアマネジメント

　地域支援事業の「介護予防・日常生活支援総合事業」における「介護予防・生活支援サービス事業」の一つで、「要支援1〜2の認定を受けた人」または「要支援1以上ではないものの、基本チェックリストで生活機能の低下があると判定された人」もしくは「継続的に利用する要介護者」を対象に、介護予防および日常生活支援を目的として、その心身の状況、おかれている環境その他の状況に応じて、その選択に基づき、訪問型サービス、通所型サービス、その他生活支援サービスのほか、適切な事業が包括的かつ効率的に提供されるような援助を行うこと。

一般介護予防事業

全高齢者向けに行う介護予防

　地域支援事業における「介護予防・日常生活支援総合事業」の一つで、すべての第1号被保険者と、その支援のための活動にかかわる人を対象に要介護リスクの低減を図る「ポピュレーションアプローチ」の事業。介護予防に関するパンフレット等の配布や、「介護予防教室」の開催を通じて、介護予防を普及・啓発したり、介護予防に資する住民主体の「通いの場」を側面支援するなどの施策を内容としています。

包括的支援事業

地域包括支援センターの行う業務

　地域支援事業の一つで、要介護状態等となっても可能な限り住み慣れた地域で自立した日常生活が送れるように支援するために地域包括支援センターが実施する、以下の一連の事業の総称。

包括的支援事業の内容
①介護予防ケアマネジメント
②総合相談支援業務
③権利擁護業務
④包括的・継続的ケアマネジメント支援業務
⑤在宅医療・介護連携推進事業
⑥生活支援体制整備事業
⑦認知症総合支援事業
⑧地域ケア会議推進事業

総合相談支援業務
そうごうそうだんしえんぎょうむ

どんな相談もワンストップで受け止める

　地域支援事業における「包括的支援事業」の一つで、地域包括支援センターに寄せられるさまざまな相談を受け止めて、適切な機関・制度・サービスにつなぎ、継続的にフォローする取り組みのこと。関係機関とのネットワーク構築や地域の実態把握も、本業務に含まれます。

総合相談支援業務の内容

①地域におけるネットワークの構築
②実態把握
③総合相談支援
④家族を介護する者に対する相談支援
⑤地域共生社会の観点に立った包括的な支援
　の実施

権利擁護業務
けんりようごぎょうむ

権利擁護のための相談支援・手続き支援

　地域支援事業における「包括的支援事業」の一つで、高齢者が不当な権利侵害に遭うことのないように、あるいは速やかに安全が確保され、救済が図られるように、地域包括支援センターで取り組まれる権利擁護のための相談支援や手続き支援のこと。具体的には、以下のような取り組みが実施されています。

権利擁護業務の内容

①成年後見制度の活用促進
②老人福祉施設等への措置の支援
③高齢者虐待への対応
④困難事例への対応
⑤消費者被害の防止

包括的・継続的
ほうかつてき　けいぞくてき
ケアマネジメント支援業務
しえんぎょうむ

複合的ニーズへの対応を支援

　地域支援事業における「包括的支援事業」の一つで、複合的なニーズを抱えた高齢者に対して「包括的・継続的ケアマネジメント」を実施する地域のケアマネジャーを多職種の連携・協働で後方支援する、地域包括支援センターの以下の取り組みのこと。

包括的・継続的ケアマネジメント支援業務の内容

①包括的・継続的なケア体制の構築
②地域におけるケアマネジャーのネットワーク
　の活用
③日常的個別指導・相談
④支援困難事例等への指導・助言

在宅医療・
ざいたくいりょう
介護連携推進事業
かいごれんけいすいしんじぎょう

医療・介護の連携を推進

　地域支援事業における「包括的支援事業」の一つで、地域の医療・介護の関係機関が連携して包括的かつ継続的な在宅医療と介護を一体的に提供できるよう、連携体制の構築を推進する事業のこと。

在宅医療・介護連携推進事業の内容

①地域の医療・介護の資源の把握
②在宅医療・介護連携の課題の抽出と対応策
　の検討
③切れ目のない在宅医療と介護の提供体制の
　構築の推進
④医療・介護関係者の情報共有の支援
⑤在宅医療・介護連携に関する相談支援
⑥医療・介護関係者の研修等の支援
⑦地域住民への普及啓発など

7　介護保険サービス

8　医療系サービス

9　費用と介護報酬

10　地域支援事業、地域包括支援センター

11　認知症・精神疾患

12　インフォーマルサポート

7 介護保険サービス

8 医療系サービス

9 費用と介護報酬

10 地域支援事業、地域包括支援センター

11 認知症・精神疾患

12 インフォーマルサポート

生活支援体制整備事業
せい かつ し えん たい せい せい び じ ぎょう

地域の「互助」による支援体制を整備

地域支援事業における「包括的支援事業」の一つで、地域住民の「互助」による助け合い活動を推進し、地域全体で高齢者の生活を支える体制づくりを進める事業のこと。日常生活圏域ごとに、「生活支援コーディネーター（地域支え合い推進員）」を配置し、支え合いの輪を広げて行くために地域住民同士で話し合う場（「協議体」といいます）を設けて、一つひとつの課題・困りごとに対応することとしています。

任意事業
にん い じ ぎょう

市町村が任意で取り組む地域支援事業

地域支援事業の一つで、各市町村が任意で地域の実情に合わせて取り組むことのできる事業。①介護保険事業の運営の安定化を図る「介護給付等費用適正化事業」、②家族介護者への支援メニュー、③その他の事業で構成されています。

①介護給付等費用適正化事業
②家族介護支援事業
③その他の事業
　成年後見制度利用支援事業、福祉用具・住宅改修支援事業、認知症対応型共同生活介護事業所の家賃等助成事業、認知症サポーター等養成事業、重度のALS患者の入院におけるコミュニケーション支援事業、地域自立生活支援事業

介護給付等費用適正化事業
かい ご きゅう ふ とう ひ ようてき せい か じ ぎょう

給付内容の合理性を検証する営み

地域支援事業における「任意事業」の一つで、支援を必要とする人に適正なサービスが提供され、かつ、介護保険財政の安定性・持続可能性が保たれるように、介護保険の保険者である市町村が、給付内容の合理性を検証する営みのこと。要介護認定が適正に行われているか、ケアマネジメントが適切に行われているか、利用者の状況と実施されたサービス内容が整合しているか、利用状況はどうなっているか──などをチェックし、事業者がルールに従ってサービスを適切に提供するよう促すものです。以下の5事業が「主要適正化5事業」として位置づけられています。

①認定調査状況チェック
②ケアプランの点検
③住宅改修および福祉用具の点検
④医療情報との突合・縦覧点検
⑤介護給付費通知

医療保険のレセプトと照らし合わせたり、複数月にまたがる支払い状況を確認して、報酬請求に齟齬がないか点検

利用者本人や家族あてにサービスの請求状況および費用等を通知し、内容に疑義がないか確認してもらうもの

家族介護支援事業
介護にあたる家族を支援

　地域支援事業における任意事業の一つで、要介護者を介護する家族を援助する事業。介護教室の開催、介護者交流会の開催、健康相談の実施、認知症高齢者見守り事業（徘徊高齢者を早期発見できるしくみの構築・運用、認知症高齢者に関する知識のあるボランティア等による見守りのための訪問など）などが行われています。

成年後見制度利用支援事業
身寄りのない人も、お金のない人も、成年後見制度を利用できるように

　成年後見制度の利用が必要であるにもかかわらず、「身寄りがなくて親族による申し立てができない」「お金がなくて申し立て費用や成年後見人等への報酬を払えない」などの事情によって、実際に利用に結びついていないケースについて、問題を解消して利用を促進する一連の取り組み。前者については市町村長が成年後見審判の申し立てを行い、後者については市町村が審判の申し立て費用や後見人等への報酬について助成を行っています。

地域包括支援センター
地域包括ケアの拠点

　市町村が設置主体となり、保健師・社会福祉士・主任ケアマネジャー等を配置して、3職種のチームアプローチにより、住民の健康の保持および生活の安定のために必要な援助を行うことにより、その保健医療の向上および福祉の増進を包括的に支援することを目的とする機関のこと。いわば「地域包括ケア」を支える、地域の中核機関です。主な業務は、①包括的支援事業（介護予防ケアマネジメント、総合相談支援業務、権利擁護業務、包括的・継続的ケアマネジメント支援業務）、②介護予防支援、③要介護状態等になるおそれのある高齢者の把握など。

7 介護保険サービス

8 医療系サービス

9 費用と介護報酬

10 地域支援事業、地域包括支援センター

11 認知症・精神疾患

12 インフォーマルサポート

7 介護保険サービス

8 医療系サービス

9 費用と介護報酬

10 地域支援事業、地域包括支援センター

11 認知症・精神疾患

12 インフォーマルサポート

地域ケア会議

多職種参加による事例検討、地域課題の共有

地域の医療、介護・福祉等の多職種が参加して、個別ケースの支援内容にかかる事例検討を行ったり、地域に生じている課題を共有して対策を検討したりする会議のこと。主に市町村または地域包括支援センターが主催。個別課題の解決を図りつつ、それらの課題分析等の積み重ねによって「地域に共通した課題」を明確化して、必要な資源開発や地域づくり、介護保険事業計画への反映などの政策形成につなげることをねらいとしています。

地域ケア会議の機能

①個別課題解決機能
②ネットワーク構成機能
③地域課題発見機能
④地域づくり・資源開発機能
⑤政策形成機能

主な構成員

自治体職員、包括職員、ケアマネジャー、介護事業者、民生委員、OT、PT、ST、医師、歯科医師、薬剤師、看護師、管理栄養士、歯科衛生士その他必要に応じて参加
※直接サービス提供にあたらない専門職種も参加

地域包括支援センター運営協議会（運協）

地域包括支援センターの設置・運営・評価を協議

地域包括支援センターの中立公正な事業運営を確保するため、地域包括支援センターに関する設置（選定・変更）、運営・評価等について協議を行う会議体のこと。構成員は、介護保険サービスの事業者、職能団体の関係者、利用者・被保険者、介護保険以外の地域資源や地域における権利擁護・相談事業を担う関係者、学識経験者などによるものとされています。

日常生活圏域

社会的条件等を勘案して市町村が設定する区域

介護・福祉基盤の整備単位として、市町村が設定する区域のこと。心身機能が低下してもなお、住み慣れた地域で各種の支援を受けながら暮らし続けることができるように、地理的条件、人口、交通事情、住民の生活形態その他の社会的条件などを総合的に勘案して設定されます。

通いの場

地域住民主体の介護予防のコミュニティ

　高齢者を含め地域住民が主体となって取り組み、定期的に開催される、介護予防やフレイル予防に資する多様な活動の場・機会のこと。一定の要件を満たした「通いの場」は、介護予防・日常生活支援総合事業における「一般介護予防事業」（さらにいうと、そのなかの「地域介護予防活動支援事業」）で、市町村による支援対象となります。

　地域に住む誰もが、時に支える側、時に支えられる立場となりながら、等しく社会参加できる「地域共生社会」のあり方を具現化する取り組みとしても、注目されています。

基本チェックリスト

高齢者の生活機能の簡易判定ツール

　高齢者の心身の状態・生活機能の状態を簡易に判定する、全国共通のツールのこと。全25項目の平易な質問で構成され、チェックした項目から、「生活機能全般」「運動機能」「栄養状態」「口腔機能」「閉じこもり」「認知症」「うつ」のそれぞれにおけるリスクを判定できます。各市町村で、介護予防・日常生活支援総合事業（総合事業）の対象者の認定に用いたり、ホームページ上で公開して高齢者自身のセルフチェックを促したりしています。

7　介護保険サービス

8　医療系サービス

9　費用と介護報酬

10　地域支援事業、地域包括支援センター

11　認知症・精神疾患

12　インフォーマルサポート

カテゴリー 11　認知症・精神疾患

―― 押さえておきたいことばの一覧 ――

- 認知症総合支援事業
- 認知症初期集中支援
  推進事業
- 認知症初期集中支援
  チーム
- 認知症地域支援・
  ケア向上事業
- 認知症地域支援推進員
- 認知症ケアパス
- ピアサポート活動支援
  事業

- 認知症伴走型支援事業
- 認知症サポート医
- 認知症サポーター
- 認知症疾患医療
  センター
- オレンジプラン
- 新オレンジプラン
- ICD-10
  （国際疾病分類第10版）
- DSM-5

- DBD
  （認知症行動障害尺度）
- 長谷川式認知症
  スケール
- BPSD
- 精神保健福祉センター
- 精神科デイケア
- 精神科訪問看護
- クライシスハウス
- クライシスプラン

- 精神科救急医療施設
- 措置入院
- 緊急措置入院
- 医療保護入院
- 応急入院
- 任意入院
- 精神保健指定医
- 精神通院医療

認知症も精神疾患も、誰もがかかわる可能性のある身近なものです。認知症や精神疾患となっても、孤立することなく、地域のなかで役割を持って社会生活を送れるように、早期対応、地域住民の理解、関係者の連携、居場所づくり、SOS 受付と緊急支援体制が必要です。支援の輪を広げる取り組みが、市町村等で進められています。

認知症総合支援事業

初期集中支援と地域力向上を促進

認知症になっても本人の意思が尊重され、できる限り住み慣れた地域で暮らし続けることができるように、早期診断・早期対応に向けた支援体制を強化するとともに、認知症に関する学び合いの機会や交流の場の創設、地域の連携体制強化など「支援力」の底上げを図る事業のこと。「認知症初期集中支援推進事業」と「認知症地域支援・ケア向上事業」によって構成されています。2015年度から地域支援事業の包括的支援事業に位置づけられ、2018年度からは全国の市町村で実施されています。

```
地域支援事業（包括的支援事業）
    ↓
  認知症総合支援事業
    ├─ ①認知症初期集中支援推進事業 ──→ 早期診断・早期対応に向けた支援体制を強化
    │    →認知症初期集中支援チームの設置
    └─ ②認知症地域支援・ケア向上事業 ──→ 認知症に関する学び合いの機会や交流の場の創設、地域の連携体制強化など「支援力」の底上げ
         →認知症地域支援推進員の設置
```

認知症初期集中支援推進事業

孤立する認知症の人にアウトリーチ

認知症総合支援事業の一つで、市町村を設置主体とする「認知症初期集中支援チーム」により、認知症が疑われる人や認知症の人とその家族を訪問してアセスメントし、医療機関受診の勧奨・誘導、介護保険サービス利用の勧奨・誘導、家族への対応方法のアドバイス、24時間365日連絡体制の確保などの初期支援を包括的・集中的（最長で6か月程度）に行う事業のこと。その間に本来の医療やケアチームに引き継いで支援を終結し、以後は定期的なモニタリングを実施します。

認知症初期集中支援チーム

・アセスメント
・医療機関受診の勧奨・誘導
・介護保険サービス利用の勧奨・誘導
・家族への対応方法のアドバイス
・24時間365日連絡体制の確保──など

対象者

以下を満たす人
☑ 40歳以上で、在宅で生活
☑ 「認知症の疑いあり」または
　「認知症で以下いずれかに該当」

①医療や介護サービスを受けていない、または中断している

②認知症の行動・心理症状が顕著で、対応に苦慮している

7 介護保険サービス

8 医療系サービス

9 費用と介護報酬

10 地域支援事業、地域包括支援センター

11 認知症・精神疾患

12 インフォーマルサポート

認知症初期集中支援チーム

認知症初期集中支援を担う実働部隊

認知症初期集中支援を担う多職種構成のチーム。医療と介護の専門職（チーム員）2名以上と、認知症の専門医（チーム員医師）1名の計3名以上で編成されます。チーム員は、①保健師、看護師、精神保健福祉士、社会福祉士、介護福祉士等の専門資格の保有、②認知症ケアや在宅ケアの3年以上の実務経験、③研修受講および試験合格などの要件を満たす必要があります。認知症初期集中支援チームの設置主体は市町村ですが、地域包括支援センター、認知症疾患医療センター、診療所等に委託可能です。24時間365日、対象者やその家族から緊急時の連絡を受けられる体制の確保が要件となっています。

認知症初期集中支援チーム

保健師、看護師、作業療法士、精神保健福祉士、社会福祉士、介護福祉士等

医療と介護の専門職　専門医

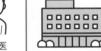

地域包括支援センター、認知症疾患医療センター、診療所、市町村の本庁等に配置

認知症地域支援・ケア向上事業

地域の「支援力」の底上げを図る

認知症総合支援事業の一つで、認知症の人が住み慣れた地域で安心して暮らし続けることができるように、市町村が地域包括支援センター等に「認知症地域支援推進員」を配置して、認知症に関する学び合いの機会や交流の場の創設、地域の連携体制強化など支援力の底上げを図る事業のこと。事業内容は、「認知症ケアパス」の作成・普及、認知症の人やその家族への相談支援、認知症に関する普及啓発のイベント開催、「認知症カフェ」の開設支援、認知症ケアに関する多職種協働研修の実施など、多岐にわたります。

認知症に関するさまざまなツールの作成と普及（認知症ケアパスなど）

認知症ケアパス ○○市

他機関と連携を図りながら、認知症の人や家族への相談支援

認知症施策や啓発イベント等の計画と推進

多職種協働のための研修会の企画・実施

認知症カフェの開設支援

など

認知症地域支援推進員

<ruby>認<rt>にん</rt></ruby><ruby>知<rt>ち</rt></ruby><ruby>症<rt>しょう</rt></ruby><ruby>地<rt>ち</rt></ruby><ruby>域<rt>いき</rt></ruby><ruby>支<rt>し</rt></ruby><ruby>援<rt>えん</rt></ruby><ruby>推<rt>すい</rt></ruby><ruby>進<rt>しん</rt></ruby><ruby>員<rt>いん</rt></ruby>

認知症地域支援の「司令塔」的存在

認知症総合支援事業の一つ、「認知症地域支援・ケア向上事業」に関する業務を行うために、各市町村によって本庁または地域包括支援センター等に配置された専門職のこと。認知症に関する普及啓発、認知症の人に対す

る支援のネットワーク構築、社会資源創設支援から、個々の相談業務も担う、いわば認知症地域支援の「司令塔」となる存在です。約6割が「認知症初期集中支援チーム員」と兼務しています。

認知症地域支援推進員の要件

①認知症の医療や介護の専門的知識および経験を有する医師、保健師、看護師、作業療法士、歯科衛生士、精神保健福祉士、社会福祉士、介護福祉士

または

②①以外で認知症の医療や介護の専門的知識および経験を有すると市町村が認めた者

地域包括支援センター、市町村の本庁、認知症疾患医療センター等に配置

認知症ケアパス

<ruby>認<rt>にん</rt></ruby><ruby>知<rt>ち</rt></ruby><ruby>症<rt>しょう</rt></ruby>ケアパス

状態に応じて認知症の人が「受けられる支援」を明示したガイドブック

認知症の状態に応じて、どこでどのようなサービスや支援を受けられるのか、標準的な流れを示したもの。地域内の社会資源を標準的な進行状況に即して可視化した「地域の認知症ケアパス」（マクロ）と、個々の認知症の人および家族に対し、個別状況に対応して

作成する「個々の認知症ケアパス」（ミクロ）があります。地域の認知症ケアパスは、認知症地域支援・ケア向上事業の一環として、各市町村で作成しています。認知症についての基本的な知識や知っておきたい制度、サービスなども盛り込んで、冊子として配布したり、ホームページに掲示したりしています。

 公表 地域の認知症ケアパス

市民

各市町村で作成

①不安や心配に対する相談先や、仲間と出会える場の情報の提供

②認知症とともに希望を持って暮らし続けるための支援やサービスの紹介

7 介護保険サービス
8 医療系サービス
9 費用と介護報酬
10 地域支援事業、地域包括支援センター
11 認知症・精神疾患
12 インフォーマルサポート

7 介護保険サービス

8 医療系サービス

9 費用と介護報酬

10 地域支援事業、地域包括支援センター

11 認知症・精神疾患

12 インフォーマルサポート

ピアサポート活動支援事業

認知症当事者が「支え手」に

　診断直後で不安を抱える認知症の人やその家族に対し、地域の認知症当事者がその道の"先達"として、寄り添い、思いを受け止め、相談に応じる活動（ピアサポート）を促進する事業。認知症カフェに参加して当事者同士で情報交換したり、専門職の研修やシンポジウムで講演したりする取り組みも行われています。地域を支える一員として活動することが、サポートを行う側の認知症当事者にとってのウェルビーイングにもつながっています。

・情報交換
・相談（不安や悩み事の共有、助言）
・講師（当事者としての経験や視点の発信）

認知症伴走型支援事業

認知症ケアのプロによる地域の身近な相談援助

　認知症の人のケアに日常的に従事し、専門知識・経験を有する職員がそろっている認知症高齢者グループホームなどの事業所で、地域の認知症の人やその家族となじみの関係性を築き、孤立防止、不安や困りごとの解消・軽減、生きがいの増進などに資する相談支援を日常的・継続的に提供すること。身近な地域で早い段階から認知症について相談できる窓口が必要だということで、2021 年度に創設されました。拠点としての体制を整備した事業所に、事業費が助成されます。

認知症サポート医

認知症の医療・介護を後方から支援

　国立長寿医療研究センターが行う認知症サポート医養成研修を修了し、「かかりつけ医」への助言等の支援を行うとともに、専門医療機関や地域包括支援センター等との連携役となる医師のこと。

機能・役割

・認知症の人の医療・介護にかかわるかかりつけ医や介護専門職に対するサポート
・地域包括支援センターを中心とした多職種の連携づくり
・かかりつけ医認知症対応力向上研修の講師や住民等への啓発

認知症サポーター

認知症の人とその家族をできる範囲で手助けする「支え手」の市民

　認知症に対する正しい知識と理解を持ち、地域や職域で認知症の人やその家族に対してできる範囲で手助けする人のこと。特別な職業や資格ではなく、「認知症サポーター養成講座」を受講することで、誰でもなることができます。地域住民、金融機関やスーパーマーケットの従業員、小、中、高等学校の生徒など、さまざまな年齢や立場の人が認知症サポーターになっています。

認知症疾患医療センター

認知症疾患対策の拠点病院

認知症疾患に関する鑑別診断、周辺症状と身体合併症に対する急性期治療、専門医療相談、地域保健医療・介護関係者への研修などの機能を担っている、認知症疾患対策の拠点病院のこと。医師会などの保健医療関係者、地域包括支援センターなどの介護保険関係者、有識者などから構成される「認知症疾患医療連携協議会」を設置して、地域における課題にも対応しています。

オレンジプラン

住み慣れた地域で暮らし続けられる社会の実現を目指した行動計画

認知症施策推進5か年計画（2013年度〜2017年度）のこと。団塊の世代が75歳以上になる2025年を見据えて、「認知症の人の意思が尊重され、できる限り住み慣れた地域で暮らし続けることができる社会の実現」を目指して策定されました。

オレンジプランの骨子

①標準的なケアパスの作成
②早期診断・早期対応
③地域での生活を支える医療サービスの構築
④地域での生活を支える介護サービスの構築
⑤地域での日常生活・家族の支援の強化
⑥若年性認知症施策の強化
⑦医療・介護サービスを担う人材の育成

新オレンジプラン

オレンジプランのリニューアル版

オレンジプランのリニューアル版。旧版は厚生労働省単独の策定でしたが、新オレンジプランは、12の関係府省庁による共同策定のプランです。2017年には、数値目標の更新や施策を効果的に実行するための改定が行われました。認知症の人に優しい地域づくりを目指していくための「七つの柱」を掲げています。

①普及・啓発
②医療・介護等
③若年性認知症
④介護者支援
⑤認知症など高齢者に優しい地域づくり
⑥研究開発
⑦認知症の人やご家族の視点の重視

ICD-10
（国際疾病分類第10版）

WHOによる世界共通の疾病分類

WHOが作成した世界標準の疾病分類。疾患全体を網羅して部位や原因別に分類し、アルファベットと数字で構成された「ICDコード」で表現しています。もともと疾病、傷害および死因の統計を国際比較するためにつくられたものですが、診療録管理やレセプト請求など医療現場で幅広く活用されています。

7 介護保険サービス

8 医療系サービス

9 費用と介護報酬

10 地域支援事業、地域包括支援センター

11 認知症・精神疾患

12 インフォーマルサポート

7 介護保険サービス

8 医療系サービス

9 費用と介護報酬

10 地域支援事業、地域包括支援センター

11 認知症・精神疾患

12 インフォーマルサポート

DSM-5

認知症などの精神疾患の診断基準

DSM は、アメリカ精神医学会が作成・公表している「精神疾患の診断基準と統計マニュアル」のこと。続く「5」という数字は、初版（1952 年）から 5 版（2013 年）目という意味です。「ICD-10」とともに国際的に広く用いられ、日本でも多くの病院で精神疾患の診断に使われています。介護が必要となる認知症や統合失調症、うつ病等についても、これを使って診断されます。

DBD
（認知症行動障害尺度）

認知症の周辺症状をアセスメント

認知症の早期発見のために使用する尺度で、認知症の行動・心理症状（BPSD）をアセスメントするツール。従来 28 項目あった DBD から 13 項目を選び、短縮版として発表したものが、「DBD13」です。各項目の質問は 5 段階評価で答える形式です。

認知症の軽度から最重度に至るまでの行動障害を網羅しているとされています。科学的介護が推進されるなか、DBD13 が科学的介護情報システム LIFE の項目として採用されました。認知症におけるケアの効果を判定するツールとして、注目されています。

長谷川式認知症スケール

認知症の診断に使われる簡易テスト

認知症の診断に使われる認知機能テストの一つで、精神科医の長谷川和夫氏が開発した簡易的な検査ツール。認知症の評価法として信頼度が高く、多くの医療機関で使われています。年齢や日付の見当識・場所の見当識・即時記憶・計算・逆唱・遅延再生・視覚記憶・語想起・流暢性など九つの項目において質問し評価します。これをもとに点数を割り出し、認知症の疑いがあるか、おおよその度合いの進行状況を測ります。家庭でも簡単に行えるテストですが、医療機関で行ったほうがより正確に測定できます。

BPSD

認知症の人の行動・心理症状

認知症の人に頻繁にみられる知覚、思考内容、気分または行動の障害による症状のこと。

行動症状には、徘徊、睡眠障害、焦燥、心理症状には、妄想、幻視、幻覚、不安、抑うつ、無気力、自発性の低下などがあげられます。多くの場合、本人や家族を悩ませ、苦しませる原因であると考えられています。

解決の糸口として、支援する人が認知症の人の不安感や孤独を理解し、認知症の人の視点から自分ごととしてその人の環境や生活を考えることが重要であるといわれています。

精神保健福祉センター

精神保健福祉に関する広域の中核施設

精神保健福祉法に基づいて都道府県が設置する精神保健福祉の専門機関。「こころの健康センター」という名称を使用しているところもあります。こころの健康づくりの中核施設として、保健所および市町村に技術指導・技術援助を行い、医療、福祉、労働、教育、産業などの関係機関と連携して知識の普及啓発を図っています。

アルコール・薬物・ギャンブル依存症、思春期、ひきこもり、発達障害、自殺問題、災害精神保健などに関して、主として複雑困難事例に対する相談支援に取り組んでいます。自立支援医療（精神通院医療）や精神障害者保健福祉手帳の判定もこちらで行っています。

・保健所および市町村への技術指導・技術援助
・自立支援医療（精神通院医療）の判定
・精神障害者保健福祉手帳の判定
・精神保健福祉に関する知識の普及啓発
・専門相談
（アルコール・薬物・ギャンブル依存症、思春期、ひきこもり、発達障害、自殺問題、災害精神保健などの、主として複雑困難事例に対する相談支援）

精神保健福祉センター

精神科デイケア

精神科の「日帰りリハビリ」

精神科の医療機関で実施する「日帰りリハビリテーション」のこと。居宅で暮らす精神障害のある人向けに、再発防止や社会生活機能の回復を目的として、作業療法・レクリエーション療法・集団心理療法・生活技能訓練等を行います。実施する時間帯や長さによって、①デイケア、②ナイトケア、③デイナイトケア、④ショートケアという4タイプに分かれます。保険診療として実施され、自立支援医療制度の対象ともなっています。

●生活リズムをつくる／●日中の居場所
●仲間とのふれあい／●相談相手
●病気の知識やストレス対処技術を身につける

①デイケア	②ナイトケア	③デイナイトケア	④ショートケア
お昼をまたいで午前午後通しで行う（6時間標準）	夕方16時以降に行う（4時間標準）	午前から夜にかけて行う（10時間標準）	午前または午後のみ短時間で行う（3時間標準）

7 介護保険サービス
8 医療系サービス
9 費用と介護報酬
10 地域支援事業、地域包括支援センター
11 認知症・精神疾患
12 インフォーマルサポート

7 介護保険サービス

8 医療系サービス

9 費用と介護報酬

10 地域支援事業、地域包括支援センター

11 認知症・精神疾患

12 インフォーマルサポート

精神科訪問看護
せいしんかほうもんかんご

精神科の訪問看護

　居宅で暮らす精神障害のある人やその家族等に対して、医師の指示に基づいて、看護師、精神保健福祉士または作業療法士が訪問し、療養状況に関する確認を行ったり相談に乗って助言したりするサービスです。保険診療として実施され、自立支援医療制度の対象ともなっています。

支援内容

- 症状の観察、健康に関する相談
- 体温測定・血圧測定、こころのケア、栄養相談、必要な処置
- 服薬の管理の確認や不安の相談
- 生活環境を整えていく手伝い

クライシスハウス

自宅からの「一時的離脱」で危機回避

　地域で暮らす精神障害者が、病状の悪化時や、家族と一時的に距離をおきたいとき、近隣等との関係から一時的に自宅から離れたいとき、本人の希望に基づいて利用できる、宿泊機能を持った「居場所」のこと。

　米国・ウィスコンシン州での取り組みなどに範をとって、日本でも一部地域でモデル事業として実施され、「差し迫った状況ではあるものの、必ずしも入院治療を必要としないと判断される」状況において、不要な入院を防止するうえで有効と評価されています。

クライシスプラン

状態悪化のサインと対処法の一覧

　本人の「状態悪化のサイン」とその対処方法を一覧にした計画表のこと。精神科病院入院患者や施設入所者の地域移行に際して作成されます。状態が悪くなるとどのような症状が出るか（どういうときに出やすいか）、その際にどう対処すればよいかを、あらかじめ本人と支援者で確認して、家族、ホームヘルパー、訪問看護師、デイケアや作業所など日中を過ごす場所のスタッフと共有しておくものです。

危機かな（ピンチかな）と思ったときに		
利用者氏名　　　　　　　さん	作成年月日	
私の調子が悪くなる時は（サインは）		
サインかなと思ったら…		
私のすること		
周りの人にしてほしいこと		
周りの人にしてほしくないこと		
同意日　　年　月　日	主担当　　　　　　連絡先 主治医　　　　　　連絡先 行政　　　　　　　連絡先 その他　　　　　　連絡先	

精神科救急医療施設

精神科救急を受け入れる施設

　精神科救急医療圏域ごとに、24時間365日、緊急な医療を必要とする精神障害者等の受け入れ体制を取った医療機関のこと。地域事情に応じて、①拠点病院（精神科）が一括して救急搬送を受け入れる「常時対応型」のところと、②地域の医療機関が持ち回りで受け入れを担当する「病院群輪番型」のところがあります。

常時対応型

一括して救急搬送を
受け入れる

病院群輪番型

地域の医療機関が
持ち回りで受け入れを担当する

措置入院

都道府県知事の権限に基づく強制入院

　精神疾患によって自傷他害のおそれがある人について、都道府県知事または政令指定都市の長（以下「都道府県知事等」）の診察命令を受けて2名以上の精神保健指定医が診察し、いずれの診察結果も「入院が必要」で一致した場合に、都道府県知事等の決定によって行われる入院のこと。

自傷他害のおそれ	本人の同意	家族等の同意	診察する医師
あり	同意できない状態または同意拒絶	－	精神保健指定医（2名）

緊急措置入院

緊急時に指定医1名のみの診察で
決まるイレギュラーな措置入院

　精神疾患によって自傷他害のおそれがある人について、正規の措置入院の手続きが取れず、しかも緊急を要するとき、精神保健指定医1名の診察の結果に基づき、都道府県知事等の決定によって「72時間」を限度として行われる入院のこと。

自傷他害のおそれ	本人の同意	家族等の同意	診察する医師
あり	同意できない状態または同意拒絶	－	精神保健指定医（1名）

72時間を限度

7 介護保険サービス

8 医療系サービス

9 費用と介護報酬

10 地域支援事業、地域包括支援センター

11 認知症・精神疾患

12 インフォーマルサポート

7 介護保険サービス

8 医療系サービス

9 費用と介護報酬

10 地域支援事業、地域包括支援センター

11 認知症・精神疾患

12 インフォーマルサポート

医療保護入院
（いりょうほごにゅういん）

指定医の診断に基づく強制入院

　自傷他害のおそれはないものの、入院に同意する状態にない人について、本人の同意なしに行う入院のこと。精神保健指定医が入院の必要性を認め、患者の家族等による同意があることが要件となっています。

自傷他害のおそれ	本人の同意	家族等の同意	診察する医師
なし	同意できない状態または同意拒絶	同意が要件	精神保健指定医（1名）

家族等がいない場合は「市町村長による同意」でも入院開始可。2024年4月以降は「家族等が同意・不同意の意思表示を行わない場合」についても、市町村長の同意で入院開始が可能に。

応急入院
（おうきゅうにゅういん）

緊急時の、家族等の同意なき強制入院

　自傷他害のおそれはないものの、入院に同意する状態になく、かつ、家族等の同意が得られない（家族等がいない、連絡がとれない等）人について、精神保健指定医が緊急の入院が必要と認めた場合に、本人・家族等の同意なしに「72時間」を限度として行われる入院のこと。

自傷他害のおそれ	本人の同意	家族等の同意	診察する医師
なし	同意できない状態または同意拒絶	同意がとれない状況	精神保健指定医（1名）

72時間を限度

任意入院
（にんいにゅういん）

本人の同意に基づく任意の入院

　医師（精神保健指定医以外でも可）が「入院治療の必要あり」と判断し、本人も同意のうえで開始される入院のこと。ただし、72時間に限り、精神保健指定医の判断によって「退院制限」が行われる場合があります。

自傷他害のおそれ	本人の同意	家族等の同意	診察する医師
なし	同意あり	不要	医師

精神保健指定医
（せいしんほけんしていい）

「強制入院」や「行動制限」の実施を判断する権限を持つ精神科医

　精神保健福祉法に基づいて、措置入院・医療保護入院・応急入院など本人の同意のない強制的な入院や、隔離・身体拘束といった行動制限について、実施を判断する権限を認められた医師のこと。一定の精神科実務経験を持ち、法律などの研修を修了した医師のなかから、厚生労働大臣が指定します。

精神通院医療
<small>せい しん つう いん い りょう</small>

「1割負担」で受けられる通院医療、上限超の負担は不要

障害者総合支援法に基づく自立支援医療の一つで、精神障害を有する人に継続的に提供される通院治療のこと（投薬・デイケア・訪問看護を含む）。受診の際に、市町村から交付された「自立支援医療受給者証」と「自己負担上限額管理票」を、保険証と併せて窓口に提示することで、自己負担割合は「1割」となります。さらに所得区分と状態像に応じて1か月あたりの自己負担額の「上限」が決められており、上限に達した以後は、その月については自己負担がかかりません。

対象疾病

統合失調症、うつ病、躁うつ病などの気分障害、不安障害、薬物などの精神作用物質による急性中毒またはその依存症、知的障害、強迫性人格障害など「精神病質」、てんかんなど

※精神通院医療の対象となるか否かは、症例ごとに医学的見地から判断されます

自己負担上限月額

所得区分	世帯の収入状況	自己負担上限月額	
		「重度かつ継続」に該当しない	「重度かつ継続」に該当する
生活保護	生活保護受給世帯	0円	0円
低所得1	市町村民税非課税世帯（本人収入 800,000円以下）	2,500円	2,500円
低所得2	市町村民税非課税世帯（本人収入 800,000円超）	5,000円	5,000円
中間所得1	市町村民税課税世帯（市町村民税 33,000円未満）	医療保険の高額療養費に同じ	5,000円
中間所得2	市町村民税課税世帯（市町村民税 33,000〜235,000円未満）	医療保険の高額療養費に同じ	10,000円
一定所得以上	市町村民税課税世帯（市町村民税 235,000円以上）	対象外	20,000円

※ここでいう「世帯」とは、患者本人と同じ公的医療保険に加入している人の単位のこと
※「重度かつ継続」とは、以下のいずれかに該当している人

☑ 医療保険の高額療養費で「多数該当」となっている
☑ 次のような精神疾患と診断されている──①高次脳機能障害、認知症など、②アルコール依存症、薬物依存症など、③統合失調症、統合失調症型障害および妄想性障害、④うつ病、躁うつ病など、⑤てんかん
☑ 3年以上精神医療を経験している医師から、情動および行動の障害または不安および不穏状態を示すことから入院によらない計画的かつ集中的な精神医療が続けて必要であると判断されている

7 介護保険サービス

8 医療系サービス

9 費用と介護報酬

10 地域支援事業、地域包括支援センター

11 認知症・精神疾患

12 インフォーマルサポート

12

インフォーマル
サポート

- 安否確認・見守り活動
- インフォーマルサポート
- 緊急通報システム
- 認知症カフェ
- サロン活動
- 住民参加型在宅福祉サービス
- 友愛訪問
- 老人クラブ

カテゴリー 12 インフォーマルサポート

―――――― 押さえておきたいことばの一覧 ――――――

- 安否確認・見守り活動
- インフォーマルサポート
- 緊急通報システム
- 認知症カフェ
- サロン活動
- 住民参加型在宅福祉
  サービス
- 友愛訪問
- 老人クラブ

全国一律のルールが適用される保険給付では、利用者の個別事情は十分にすくい取れません。日常生活上のちょっとした困りごとへの対応や、独居世帯や老老世帯の安否確認や見守り、交流の場づくりなどは、保険給付の対象外です。その部分は、地域住民による互助活動等によるインフォーマルサポートとして、カバーされています。

安否確認・見守り活動

地域住民の支援で社会的孤立を防ぐ

　主に一人暮らし高齢者や高齢夫婦のみ世帯などを対象に、定期的に声かけの訪問をしたり電話をかけたりして、無事であることや困りごとがないかなどを確認する住民互助の取り組みのこと。

　顔を見知った「なじみの関係」を築き、時に話し相手となることで、社会的孤立を防ぐとともに、いつもとは違う様子に気づいたり、明らかな異変、非常事態に出くわした際には、地域包括支援センターや民生委員、市町村（場合によっては警察）に連絡します。

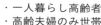

つながる
なじみの関係

・一人暮らし高齢者
・高齢夫婦のみ世帯

地域住民

・無事かどうか
・困ったことがないか
　などを確認

いつもと違う様子、異変に気づいたら…

・地域包括支援センター
・民生委員
・市町村など

インフォーマルサポート

「困ったときはお互い様」の助け合い

　制度に位置づけられたサービスや国・自治体による施策＝「フォーマルサポート」以外の支援の総称。家族、親戚、友人、近隣住民など地縁血縁関係による「互助」の役務、あるいはボランティアによる自発的な「利他」の活動を指します。制度によるしばりがないぶん柔軟性が高く、提供者（支え手）→利用者（受け手）という一方的・断片的な関係性に固着しない、「困ったときはお互い様」という助け合いの一環として提供されます。

　一方で、提供する側の都合にも合わせた"できる範囲での助け合い"が前提となるため、必ずしも安定した供給が見込めないという点に留意が必要です。

「お互い様」の関係性

・互助の役務
・自発的な利他の活動

見守り・安否確認、食事の宅配、外出の付き添い、話し相手、ごみ出し、認知症カフェ、サロン活動など

7　介護保険サービス
8　医療系サービス
9　費用と介護期間
10　地域支援事業、地域包括支援センター
11　認知症・精神疾患
12　インフォーマルサポート

7 介護保険サービス

8 医療系サービス

9 費用と介護報酬

10 地域支援事業、地域包括支援センター

11 認知症・精神疾患

12 インフォーマルサポート

緊急通報システム

<ruby>緊急通報<rt>きんきゅうつうほう</rt></ruby>システム

急病や急変時の SOS を受け付け、対応するしくみ

　居宅で暮らす「65 歳以上の一人暮らしの人」「高齢者のみの世帯」「身体に重度の障害がある人」などを対象に、発作や転倒などの緊急事態に直面した際に簡便に SOS を発信できる装置（緊急通報機）を配布して、いざというときに迅速な初動体制が取れるように関係機関で役割を受け持つこととした、主に自治体によって提供される一連のしくみのこと。申し込みは各自治体の窓口を通じて行います。サービスを提供している民間の警備会社等と個別に契約する方法もあります。

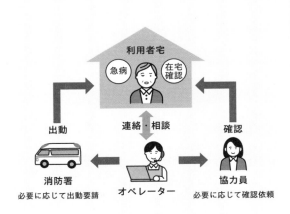

利用者宅
急病　在宅確認

連絡・相談

出動　　確認

消防署　　　　　　　オペレーター　　　　　　協力員
必要に応じて出動要請　　　　　　　　必要に応じて確認依頼

認知症カフェ

<ruby>認知症<rt>にんちしょう</rt></ruby>カフェ

認知症について情報交換し、悩みを共有する、自由な交流の場

　認知症の人やその家族はもちろんのこと、地域住民、介護・福祉・医療の専門職など、誰もが自由に集まり、認知症について知り、情報交換し、悩みを共有し、ともに考える場。ピアサポートの一つとして位置づけられます。「オレンジカフェ」という名前で運営されているところもあります。

　認知症について気軽に学び、同じ悩みを持った人たちとつながることができる場所ということで、高齢者サロンとは目的が異なります。

本人と家族の"つながり"　　認知症のことを"学ぶ"

リラックスした"語り"　　"地域"とのつながりをつくる

近隣住民　　　　　　　　　　家族 OB

専門職

認知症の人　　認知症の人の家族

サロン活動

地域住民が気軽に集える居場所づくり

　「仲間づくり」や「健康づくり」を目的とした、地域住民が気軽に集える居場所づくりの活動。住民同士が協働で企画し、内容を決めてともに運営していくスタイルが特徴で、地区の社会福祉協議会が活動を支援しています。通常は「利用者」と位置づけられる高齢者も、ここでは一方的な受け手ではなく、サロンづくりをともに運営する立場に立ちます。

　地域の高齢者のひきこもり予防につながることが期待されており、子どもたちと一緒に過ごす場、農作業や園芸を一緒に行う場なども人気です。

住民参加型 在宅福祉サービス

制度の狭間のニーズに対応

　制度上の制約により介護保険サービスでは満たすことのできないニーズに柔軟に対応するために、地域住民の互助をベースに構成された社会資源のこと。NPO法人などによるもの、社会福祉協議会が運営しているもの、生協や農協が行っているもの、行政が関与しているもの（第三セクターなど）、社会福祉施設等が運営母体となっているものなど、さまざまなタイプのものがありますが、①非営利であること、②受け手も提供側も地域住民であることが条件です。また、受け手が気づまりにならないように、安価ながら有料・有償であることが特徴です。

友愛訪問

よき友人として、 定期的に訪問・安否確認

　老人クラブなどが、在宅で生活している寝たきりの人や一人暮らしの高齢者を対象に、ボランティアチームを組んでその人の自宅を訪問し、話し相手になったり、「よき友人」になったりする活動のこと。老人クラブ活動と同様に歴史のある活動で、安否確認と訪問による交流を目的にしています。ちょっとした困りごとにも対応してくれます。

老人クラブ

仲間と一緒に生きがい・健康づくり

　おおむね60歳以上の人が、趣味活動を通じて生きがい・健康づくりに取り組む自主的な活動組織のこと。活動のコンセプトは、発足当時から「健康」「友愛」「奉仕」。高齢期を楽しく、生きがいを持ち、安心して暮らせるように、健康で自立しながら、身近な仲間と支え合い、地域づくりを進めていくことを目標としています。一人暮らしの高齢者や寝たきりの人を対象とした訪問活動や、介護予防・家族支援・まちづくりのためのボランティア活動にも力を入れています。

7 介護保険サービス

8 医療系サービス

9 費用と介護報酬

10 地域支援事業、地域包括支援センター

11 認知症・精神疾患

12 インフォーマルサポート

運営管理・ICT活用

- 指定サービス事業者
- ハラスメント対策
- BCP
- ウェアラブル
- 見守り支援機器
- 介護ロボット
- EBM
- 介護保険総合データベース
- LIFE

⑬ 運営管理・ICT活用

押さえておきたいことばの一覧

- 指定サービス事業者
- ハラスメント対策
- BCP
- ウェアラブル

- 見守り支援機器
- 介護ロボット
- EBM

- 介護保険総合データ
  ベース
- LIFE

各サービス事業者は、今日的課題である事業所内あるいは利用者・家族からの「ハラスメント」に適切な対策をとり、自然災害や感染症発生時でも業務継続できるように平時から備えておく必要があります。また、センサー技術や介護ロボットを取り入れて省力化を図り、科学的根拠に基づく介護に取り組むことが求められます。

指定サービス事業者

基準を満たして指定を受けた事業者

　介護保険の適用を受けて、居宅サービスや施設サービスを提供する事業者のこと。国が示している法人格や人員基準、運営基準などを満たしている必要があります。

都道府県知事の指定	市町村長の指定
・指定居宅サービス事業者 ・介護保険施設 　（介護老人福祉施設・介護老人保健施設[1]・介護医療院[1]・介護療養型医療施設[2]） ・指定介護予防サービス事業者	・指定地域密着型サービス事業者 ・指定地域密着型介護予防サービス事業者 ・指定居宅介護支援事業者 ・指定介護予防支援事業者

1) 介護老人保健施設と介護医療院については、都道府県知事による「開設許可」
2) 2024年3月末に廃止予定。新規の指定は認められていない

ハラスメント対策

介護職員の働く環境を守る

　介護職員が安心して働けるように、2021年度からすべての介護事業者に義務づけられたハラスメント対策のこと。

措置実施の義務
● 職場におけるパワーハラスメントおよびセクシュアルハラスメント ● 利用者から受けるセクシュアルハラスメント → ①事業主の方針の明確化、周知・啓発 　②相談体制の整備

措置実施の推奨
● 利用者や家族等から受けるカスタマーハラスメント → 上記①②の対応をカスタマーハラスメントにも適用

BCP

非常時の業務継続のための準備・段取り

　業務継続計画。Business Continuity Plan の略語。感染症や非常災害など、事業継続に支障をもたらす非常事態に見舞われてもなお、最小限度の重要な事業が継続可能となるように、あるいは中断しても可能な限り早期復旧が可能となるように、平常時に行うべき活動や緊急時における事業継続のための方法・手段などを取り決めておく計画のこと。

　介護保険法に基づく介護施設・事業所については、2021年4月の指定基準改正で、BCP策定が義務づけられました。3年間の経過措置期間を経て、2024年3月末までにはすべての施設・事業者で策定を終えていなければならないものとされています。

BCP に定める主な項目

感染症にかかる業務継続計画
①平時からの備え 　体制構築・整備、感染症防止に向けた取り組みの実施、備蓄品の確保等 ②初動対応 ③感染拡大防止体制の確立 　保健所との連携、濃厚接触者への対応、関係者との情報共有等

災害にかかる業務継続計画
①平常時の対応 　建物・設備の安全対策、電気・水道等のライフラインが停止した場合の対策、必要品の備蓄等 ②緊急時の対応 　業務継続計画発動基準、対応体制等 ③他施設および地域との連携

ウェアラブル

常時装着の身体情報取得センサー

　言葉そのものは「着用できる」「身に着けられる」という意味ですが、「ウェアラブル端末」「ウェアラブルデバイス」などというと、センサー技術とインターネットを用いた常時装着の身体情報等取得・測定機器のことを指します。介護業界でも、ウェアラブルデバイスを活用することで、バイタルデータの常時モニタリングを通じた急変の早期発見・対応、排泄予測デバイスを活用した適時のトイレ誘導など、安全性や介護の質を高め、かつ、介護従事者の負担軽減にも役立てられるとして、注目されています。

見守り支援機器
（みまもりしえんきき）

介護現場における見守りを支援

　介護施設などで利用者が使用するベッドや居室空間などに設置したセンサーと、状況に応じて設定されたシステムにより、利用者の状況を介護従事者が別室で把握できるようにした機器のこと。異常や予兆が検知されたときは、介護従事者に通知されます。

介護ロボット
（かいご）

人材不足対策や腰痛軽減の切り札

　ロボット技術を応用して、利用者の自立支援や介護者の負担軽減に役立てることが目的の介護機器のこと。介護の担い手が減り、人材不足が加速するなかで、ロボットを活用するメリットに注目が集まっており、介護職員の持病でもある腰痛対策になると現場へのさらなる導入が期待されています。現在、厚生労働省と経済産業省で以下の六つの重点分野を定めて、開発・導入を支援しています。

移乗支援

移動支援

排泄支援

見守り・コミュニケーション

入浴支援

介護業務支援

EBM

科学的根拠に基づく医療

　Evidence-Based Medicine の頭文字をとった略語で、「科学的根拠（エビデンス）に基づく医療」のこと。「個々の診療において、臨床上の疑問点に関して医師が関連文献等を検索し、それらを批判的に吟味したうえで、患者への適用の妥当性を評価し、さらに患者の価値観や意向を考慮したうえで臨床判断を下し、専門技能を活用して医療を行うこと」を指します。

　介護分野でも、科学的介護情報システム（LIFE）を用いた、「科学的根拠に基づく介護」の実践が緒に就いたところです。

介護保険総合データベース

要介護認定情報や介護保険レセプト情報を格納した大規模データベース

　国保連や市町村から寄せられる要介護認定情報や介護保険レセプト情報を格納した、総合的なデータベース。略して「介護DB」。個人情報は匿名化され、個人を特定可能な情報は削除された状態で、厚生労働省が管理するサーバに保存されています。

　介護DBで集められた情報は、「根拠に基づく介護実践」を進める趣旨で、国、自治体、大学などの研究者に提供されます。また、汎用性の高い基礎的なデータについて、「介護DBオープンデータ」として公表されています。

LIFE

介護実践とビッグデータ分析をつなげた科学的介護情報システム

　現場での介護実践と、ビッグデータ分析によるエビデンスの構築およびフィードバックをつなげた、「科学的介護情報システム」のこと。Long-term care Information system For Evidence の頭文字をとった略語。介護事業所においてPDCAサイクルを回すために活用されるツールです。介護サービスを受けている利用者の状態や、介護事業所・施設で行っているケアの計画・内容などを一定の様式で入力するとインターネットを通じて厚生労働省に送信され、入力内容が分析されて、フィードバックされます。

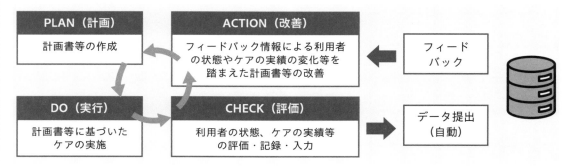

カテゴリー

14

担い手

- 介護支援専門員（ケアマネジャー）
- 計画担当介護支援専門員
- 主任介護支援専門員
- 訪問介護員（ホームヘルパー）
- 生活援助従事者
- 介護職員
- サービス提供責任者
- 介護サービス相談員
- 生活支援コーディネーター
- 福祉用具専門相談員
- 多職種チーム／多職種協働
- 介護支援専門員実務研修
- 生活援助従事者研修
- 介護職員初任者研修
- 介護職員実務者研修
- 認知症介護基礎研修
- 介護福祉士
- 社会福祉士
- 精神保健福祉士
- 医療ソーシャルワーカー

カテゴリー 14 担い手

―――――――― 押さえておきたいことばの一覧 ――――――――

- 介護支援専門員
  （ケアマネジャー）
- 計画担当介護支援専門員
- 主任介護支援専門員
- 訪問介護員
  （ホームヘルパー）
- 生活援助従事者
- 介護職員

- サービス提供責任者
- 介護サービス相談員
- 生活支援コーディネーター
- 福祉用具専門相談員
- 多職種チーム／多職種協働
- 介護支援専門員実務研修
- 生活援助従事者研修
- 介護職員初任者研修

- 介護職員実務者研修
- 認知症介護基礎研修
- 介護福祉士
- 社会福祉士
- 精神保健福祉士
- 医療ソーシャルワーカー

介護保険サービスはさまざまな担い手による協働で提供されます。サービス従事者は、職種ごとに役割、実施できるケアの内容が定められ、保有が必要な資格、修了が必要な研修などが決まっています。各々の専門性を前提に、目的と情報を共有し、利用者の状況に的確に対応したケアを提供することが大事です。

介護支援専門員
（ケアマネジャー）

介護保険の要となるケアマネ

　ケアマネジメントを担う専門職のこと。利用者をアセスメントのうえ生活課題を明確化し、必要な支援をとりまとめてケアプランを作成します。関係する各事業者との調整も行います。居宅サービス等の場合は、サービス開始後も月に1回は利用者宅を訪問して状況を把握し（モニタリング）、必要に応じてケアプランを修正します。サービス担当者会議の開催や給付管理もケアマネジャーの役割です。

ケアマネジャーの役割

・アセスメント
・ケアプランの作成
・サービス事業者・施設等との連絡調整
・サービス担当者会議の開催
・モニタリング
・給付管理

計画担当介護支援専門員

施設におけるケアプラン作成を担う

　施設サービス計画の作成を行うケアマネジャーのこと。介護保険施設に入所している人のケアプラン作成、アセスメント、サービス担当者会議の開催などを担います。業務内容は、居宅のケアマネと基本的に変わりません。

計画担当介護支援専門員の役割

・入所者のアセスメント
・入所者のケアプラン作成
・サービス担当者会議の開催
・モニタリング
・給付管理

主任介護支援専門員

ケアマネの上位資格

　ケアマネジャーの上位資格で、地域包括支援センターに必置の職種。居宅介護支援事業所における管理者の要件にもなっています。事業所内あるいは地域内のケアマネジャーへのスーパーバイズや助言を行う、ケアマネジメントのスペシャリストです。

主任ケアマネは…
・地域包括支援センターの職員になるために必要
・居宅介護支援事業所の管理者になるために必要

←主任ケアマネ

←ケアマネ

訪問介護員
（ホームヘルパー）

在宅介護の中心的な担い手

　要介護認定を受けている高齢者や、障害支援区分の認定を受けている障害のある人の自宅を訪問して、身体介護や生活援助を行う職種。ホームヘルパーとも呼ばれています。在宅介護を受ける人が増加するなかで、在宅介護サービスの中心的な担い手となっている存在です。雇用形態としては、常勤、非常勤があります。短時間の就労も可能なため、多様な働き方ができます。訪問介護員となるためには、介護職員初任者研修（130時間）を修了する必要があります。ただし、業務範囲が生活援助に限定される生活援助従事者であれば、生活援助従事者研修（59時間）を修了することで従事できます。

生活援助従事者
せいかつえんじょじゅうじしゃ

生活援助限定のホームヘルパー

　訪問介護で提供しているサービスのうち、掃除や洗濯、調理などの「生活援助」に限定して、サービス提供にあたる従事者のこと。介護人材不足の軽減を図るため、人材確保の裾野を拡大する趣旨で、取得のために必要な研修を簡素化して、2018年4月に創設された類型です。生活援助従事者研修を修了していることが要件となります。

介護職員
かいごしょくいん

利用者の介護にあたるケアワーカー全般

　居宅サービス、地域密着型サービス、施設サービスで、利用者の介護にあたるケアワーカーのこと。現場で働く介護職員の多くは、ホームヘルパーや介護福祉士の資格を有していますが、必ずしも必要というわけではありません。介護老人保健施設やサ高住、有料老人ホーム、グループホーム、小規模多機能型居宅介護、デイサービスなどでは、特段資格がなくても働くことが可能です。

　待遇としては、契約社員やパートタイマーなどの非正規雇用が多く、社会保険の適用など、労働条件の改善が課題となっています。

サービス提供責任者
ていきょうせきにんしゃ

訪問介護サービスを提供する責任者

　訪問介護サービスを提供する責任者。略して「サ責（させき）」。訪問介護事業所に最低でも1人以上の配置が必要です。

サービス提供責任者の業務
①訪問介護計画の作成
②利用申込みの調整
③利用者の状態変化、サービスへの意向の定期的な把握
④居宅介護支援事業者との連携（サービス担当者会議出席等）
⑤ホームヘルパー等に対しての具体的援助目標および内容の指示や、利用者の状況についての情報伝達
⑥ホームヘルパー等の業務の実施状況の把握
⑦ホームヘルパー等の業務管理
⑧ホームヘルパー等に対する研修、技術指導等

介護サービス相談員
かいごそうだんいん

市民目線で利用者の苦情を聴く

　地域支援事業の一環として市町村が取り組んでいる「介護サービス相談員派遣等事業」において、市町村から介護事業所や施設に派遣され、市民目線で利用者の苦情相談に乗る活動に従事している人のこと。利用者の疑問や不満、不安を受け付け、介護サービス提供事業者および行政との橋渡しをしながら、問題の改善や介護サービスの質の向上につなげる役回りです。相談員になるための資格要件はありませんが、自治体の主催する一定水準以上の研修を受ける必要があります。

生活支援コーディネーター

生活支援・介護予防の担い手発掘担当

高齢者を含めた地域住民に対し、生活支援・介護予防サービスの担い手として社会参加してくれるよう呼びかけ、社会資源の創出につなげるとともに、参加してくれる人自身の役割・居場所づくりにもつなげるコーディネーターのこと。地域支え合い推進員とも呼ばれます。

①資源開発	②ネットワーク構築	③ニーズと取り組みのマッチング
・地域に不足するサービスの創出、担い手の養成 ・地域住民が担い手として活動する場の確保など	・関係者間の情報共有 ・サービス提供主体間の連携の体制づくりなど	・地域の支援ニーズとサービス提供主体の活動のマッチングなど

福祉用具専門相談員

福祉用具の相談に応じるエキスパート

福祉用具のレンタルや購入を検討している利用者・家族に対し、現在の状況や希望を確認のうえ、専門知識に基づくアドバイスを行う相談員。福祉用具の選定を手助けし、使用方法を説明し、機能・安全性・衛生状態等の点検や利用者の身体の状況等に応じた調整を行います。また、利用者ごとに「福祉用具サービス計画」を作成して、ケアマネジャーと情報を共有します。

多職種チーム／多職種協働

異なる職種によるコラボレーション

「多職種チーム」とは、利用者の課題に適切に対応するために構成された、専門分野の異なる複数の職種の人員からなるチームのこと。「多職種協働」とは、多職種チームにおいて、各々の専門性を前提に、目的と情報を共有し、業務を分担しつつも互いに連携・補完し合い、利用者の状況に的確に対応したケアを提供することをいいます。

チームを組むにあたっては、「顔の見える関係づくり」が重要とされていて、特に医療と介護の専門職がコミュニケーションをしっかり取り合うことがポイントとなります。

介護支援専門員実務研修

ケアマネになるために必須の研修

ケアマネジャーとして必要な知識、技能を有する人材の養成を図ることを目的にした研修。「介護支援専門員実務研修受講試験」に合格した人が受ける研修です。ケアプランの作成やモニタリングの実施など、ケアマネジメントを行う際に重要な専門知識や技術を、国が定めたカリキュラムに沿って学びます。研修修了後に都道府県に登録を行うと、介護支援専門員証が交付されます。

生活援助従事者研修
せいかつえんじょじゅうじしゃけんしゅう

生活援助限定のホームヘルパーを養成する研修

　訪問介護において生活援助に限定して業務を担う「生活援助従事者」を養成するための研修のこと。ホームヘルパーとして訪問介護のすべての業務を担うには、要件として、身体介護と生活援助全般の知識・技術を習得する介護職員初任者研修（130時間）を修了する必要がありますが、生活援助従事者研修（59時間）は、生活援助に重点をおいた簡素な構成となっています。

介護職員初任者研修
かいごしょくいんしょにんしゃけんしゅう

ホームヘルパーになるための必須の研修

　訪問介護に従事しようとする人が必ず受けなくてはならない研修。かつてのホームヘルパー2級研修を移行・集約したもので、業務を行ううえでの基礎となる知識や技術、そしてそれを実践する際の考え方のプロセスを身につけ、基本的な介護業務を行えるようになることを目的としたカリキュラムが組まれています。厚生労働省が指針を示し、各都道府県または指定養成機関で実施しています。

介護職員実務者研修
かいごしょくいんじつむしゃけんしゅう

実務経験ルートでの介護福祉士取得に必須の研修

　介護職員初任者研修の上位に位置づけられる研修で、かつての「ホームヘルパー1級研修」と「介護職員基礎研修」を一本化したもの。介護過程の実践から喀痰吸引等の医療的ケアまで、介護現場で必要となる基本的な知識・技術を習得できる研修です。

　養成校等を経ない実務経験ルートで介護福祉士国家試験を受験するには、実務経験が3年以上あることに加えて、この研修の修了が必須要件となっています。また、サービス提供責任者の任用要件の一つにもなっています。

認知症介護基礎研修
にんちしょうかいごきそけんしゅう

認知症介護の「きほんのき」を学ぶ

　認知症の人への介護を行う介護従事者が、認知症への理解を深め、ケアに必要な基礎的な知識や技術を習得するための研修。各自治体が開催。2021年4月の指定基準改正で、介護事業所や施設で直接介護にかかわる全介護従事者について、医療・福祉関係の資格を持っていない場合、受講しなければならないものとされました（無資格者のいない訪問系サービス（訪問入浴介護を除く）や福祉用具貸与、居宅介護支援は義務づけから除外）。認知症介護のファーストステップとなる内容で、1日で修了できる分量です。多くがe-ラーニングで提供されています。

介護福祉士
（かいごふくしし）

介護・生活支援のエキスパート

　介護に関する一定の知識や技能を習得していることを証明する唯一の国家資格。介護が必要な高齢者や障害のある人に対して、日常生活がスムーズに営めるように、心身の状況に応じた介護をしたり、介護に関する相談に応じたり、介護者に対する介護に関する指導を行ったりすることが主な仕事となります。主にホームヘルパーや、特別養護老人ホーム、障害者支援施設等の介護職員として介護業務にあたっています。また、介護方法や生活動作に関する説明、介護に関するさまざまな相談にも対応しています。

社会福祉士
（しゃかいふくしし）

福祉現場でソーシャルワークを実践

　いわゆる「ソーシャルワーカー」と呼ばれる社会福祉専門職の国家資格。身体的・精神的・経済的なハンディキャップのある人から相談を受け、日常生活がスムーズに営めるように支援を行ったり、困っていることを解決できるように支えることが主な仕事となります。また、他分野の専門職と連携して包括的に支援を進めたり、社会資源を開発する役割も求められます。

　社会福祉士資格取得者が働く職場としては社会福祉施設等が多く、その他社会福祉協議会、医療機関、行政機関、独立型社会福祉士事務所等が代表的なものです。

精神保健福祉士
（せいしんほけんふくしし）

精神保健福祉分野のエキスパート

　精神保健福祉分野でソーシャルワーク実践を担う専門職の国家資格。精神障害者が円滑に社会生活を送れるように、相談や生活支援、助言、訓練、社会参加のサポート、そのための環境整備を行います。

　精神保健福祉士が働く職場としては、①精神科病院や総合病院の精神科、クリニックや訪問看護ステーション（医療分野）、②相談支援事業所や生活介護事業所、就労継続支援事業所（障害福祉分野）、③役所や保健所、精神保健福祉センター（行政分野）などがあります。

医療ソーシャルワーカー
（いりょう）

医療機関と福祉サービスのハブ役

　保健医療機関などで患者や家族からの相談を受け付け、経済的・心理的・社会的問題を解決・調整し、患者の社会復帰を支援する専門職。病院内の多職種との連携、地域のケアマネジャーとの連携、行政との連携も担います。

　なお、医療ソーシャルワーカーは、社会福祉士や精神保健福祉士のような国家資格ではありません。公益社団法人日本医療ソーシャルワーカー協会による「認定医療ソーシャルワーカー」という認定資格がありますが、その保有の有無にかかわらず「医療ソーシャルワーカー」を名乗ることは可能です。

カテゴリー

15

家族支援

- キーパーソン
- ケアラー
- ヤングケアラー
- ダブルケア
- ひきこもり
- 8050 問題
- ひきこもり地域支援センター
- 介護離職
- 常時介護を必要とする状態
- 対象となる家族
- 介護休業
- 介護休暇
- 所定外労働の制限
- 時間外労働の制限
- 深夜業の制限
- 短時間勤務制度等の措置
- 不利益取り扱いの禁止
- 介護休業給付

家族支援

――― 押さえておきたいことばの一覧 ―――

- キーパーソン
- ケアラー
- ヤングケアラー
- ダブルケア
- ひきこもり
- 8050 問題

- ひきこもり地域支援
  センター
- 介護離職
- 常時介護を必要とする状態
- 対象となる家族
- 介護休業
- 介護休暇

- 所定外労働の制限
- 時間外労働の制限
- 深夜業の制限
- 短時間勤務制度等の
  措置
- 不利益取り扱いの禁止
- 介護休業給付

要介護者・要支援者が住み慣れた地域で自分らしく安心して暮らしを続けていくためには、寄り添う家族・近親者等（ケアラー）の「心身の健康、生活の質の充実」が欠かせません。そのためには、専門分野の壁を越えて世帯全体を支援する視点が大事であり、「介護と仕事の両立支援制度」の利用も重要な選択肢です。

キーパーソン

本人の意思決定の支援や代行、対外的な連絡窓口を担う人

　一般には中心的役割を果たす人、決定権を持つ人のことを指しますが、福祉・医療分野で用いられる場合は、支援チームの側からみた「利用者本人の意思決定を助け、必要に迫られた際には本人に代わって意思決定する役割の人」「本人に代わって諸々の連絡窓口となる人」のことを指します。主に家族が担いますが、本人の判断能力が低下し、かつ、身寄りのない場合は、成年後見人等が担うこともあります。

ケアラー

困難を抱えた家族・親戚等を世話する「支え手」

　日常生活に困難が生じた家族、近親者、友人・知人に対して、介護や看病、身の回りの世話や見守り、相談助言、寄り添いなどのケア全般を行う人のこと。これには、業務として対価を得て行うケアは含まれません。

　現状では、ケアラーは本人に1日中つきっきりになって自由な時間が取れなかったり、定職につけず収入がほとんど（あるいは全く）なくなってしまったり、友人や地域の人との交流が途絶えてしまったりして、社会的孤立や生活困窮の状態にある場合も少なくないとされます。本人に対する支援のみならず、ケアラーも含めた世帯全体に対する支援が求められます。

ヤングケアラー

日常的に家族の介護・見守り・家事を担う児童

　病気や障害等で支援を要する家族等がいるために、日常的に世話や介護、見守り、家事等を行っている児童（18歳未満の者）のこと。家族をケアすること自体は一概に否定されるべきものではありませんが、負担の大きいケアが長期間続くことで、友人との人間関係形成の機会の喪失、親子関係の逆転（子が保護者のごとく気遣いしなければならない状況）、学校の遅刻・早退・欠席（それによる学業停滞）などが懸念されます。

　援助においては、児童が自分自身のことにエネルギーを注げるように（子どもとしての時間を過ごせるように）、ケアにかかる負担軽減と、孤立防止の取り組みが必要です。

ヤングケアラーの担う「ケア」の例

・病気・障害のある家族の身の回りの世話
・病気・障害のある家族の見守り
・保護者の代わりに行う家事
・保護者の代わりに行う年少の兄弟姉妹の世話
・外国人や障害のある親の通訳
・家計を助けるための労働

ダブルケア

「育児」＋「老親介護」など二つのケアの同時進行

　育児をしながら親を介護するなど、世帯内で二つのケアが同時進行している状況のこと。ダブルケアラーには、時間や労力などの負担もさることながら、子どもの健やかな育ちを支える責任、老親の生命と健康と尊厳を支える責任が同時にのしかかります。

　広義には、病気や障害のある配偶者・兄弟姉妹・成人後の子に対するケアや、自分自身の病気・障害の自己管理、異なる言語や文化的背景を持つ外国人の世帯員の通訳なども、ダブルケアの概念を構成するケアに含まれます。なかには、トリプルケア（三重）やクワトロケア（四重）のケースもあるとされます。

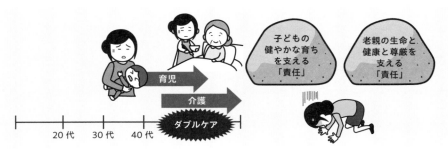

ひきこもり

誰にでも起こり得る、自分の身を守る反応

　さまざまな要因の結果として社会的参加を避けて、家庭にとどまり続けている状態のこと。特別な人に特別に起こることではなく、誰にでも起こり得る「自分の身を守る反応の一つ」です。その理解に立ち、ひきこもりが原因となって現に本人・家族に生じている生活困難を「軽減するはたらきかけ」が求められます。

　しかし、ひきこもりに対してはいまだに誤った理解・偏見が根強く、当事者や家族をさらなる自己否定へと追いやり、孤立させ、支援の手から遠ざけSOSを出せなくして、問題をこじれさせる主な要因の一つになっています。

8050問題

ひきこもりの長期化×親の高齢化

　ひきこもりの長期化によって、ひきこもりの状態にある「子」と同居する「親」がそれぞれ年をとり、生活が行き詰まるリスクの高くなった状態、またはリスクが顕在化した状態のこと。リスクとは、世帯の家計収支が悪化して暮らしが困窮したり、親が病気や要介護で家事ができずに家が「ごみ屋敷」化したり、具合が悪くなった状態でネグレクトによる衰弱死に至ったりする状況を指します。

　8050の「80」は親の年齢層（80代）、「50」は子の年齢層（50代）に由来します。

ひきこもり地域支援センター

ひきこもり支援に特化した総合相談窓口

　ひきこもり支援に特化した総合相談窓口。全都道府県および指定都市に設置され、市町村でも整備が進められています。

　都道府県域のセンターでは、ひきこもり支援に携わる人材の養成や市町村等の後方支援も担っており、ひきこもり支援コーディネーター（社会福祉士、精神保健福祉士等）や、法律、医療、心理、就労などの専門家で構成される多職種チームが配置されています。

多職種チーム

福祉　保健　医療　心理　就労　法律

都道府県域の
ひきこもり地域支援センター

①相談支援
②居場所づくり
③ネットワークづくり
④当事者会・家族会の開催
⑤住民向け講演会等の開催
⑥関係機関の人材養成研修
⑦市町村等への後方支援

市町村域の
ひきこもり地域支援センター

①相談支援
②居場所づくり
③ネットワークづくり
④当事者会・家族会の開催
⑤住民向け講演会等の開催

介護離職

介護を契機とした離職

　家族の介護に専念するために、仕事を辞めること。離職によって、家計を支える安定収入が失われるとともに、介護者のキャリアの確立・維持や人間関係形成の機会も失われます。老親の介護を担う子世代は、40〜50歳代の働き盛りが中心で、職場内では業務の中核を担っていたり、責任のある職位に就いていたりすることも少なくありません。介護離職は、本人のみならず、職場の要となる人材を失う企業にとってもダメージが大きいとされ、「仕事と介護が両立できる職場」への変革が求められています。

介護離職で失うもの

- 安定収入
- キャリアや社会的立場
- 居場所や人間関係
- セーフティネットの厚み

常時介護を必要とする状態

介護休業等の利用要件となる心身状況

　介護休業などの両立支援制度の利用が認められる心身状況の基準のこと。以下のいずれかに該当していることを指します。

・要介護2以上
・以下の①〜⑫のうち継続的に一つ以上が該当、または二つ以上がそれに準ずる状態（一部介助・見守り等が必要）

①座位保持ができない
②歩行できない
③移乗に全介助が必要
④水分・食事摂取に全介助が必要
⑤排泄に全介助が必要
⑥衣類の着脱に全介助が必要
⑦意思の伝達ができない
⑧外出するとほとんど毎回戻れない
⑨物を壊したり衣類を破くことがほとんど毎日ある
⑩周囲の者が何らかの対応をとらなければならないほどの物忘れがほとんど毎日ある
⑪薬の内服に全介助が必要
⑫日常の意思決定がほとんどできない

対象となる家族

介護休業等を利用できる家族の範囲

　介護休業などの両立支援制度を利用可能な対象範囲の家族のことで、具体的には「配偶者（事実婚を含む）、父母、子、配偶者の父母、祖父母、兄弟姉妹、孫」を指します。同居の有無、扶養関係の有無は問われません。

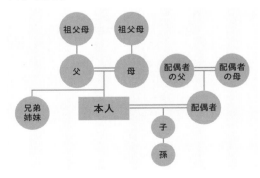

介護休業

法律で認められた
「介護を理由とした一定期間の休業」

　労働者が、要介護状態の家族を介護したり、介護のための各種手続きや打ち合わせ・立ち会いなどを行うための休業のこと。「常時介護を必要とする状態」が2週間以上継続する対象家族一人につき、通算93日ま

で、3回を上限として分割して取得することができます。事業主は、経営困難、事業繁忙その他どのような理由があっても、労働者の適法な申し出を拒むことはできません。

　休業期間中は、申請により雇用保険の「介護休業給付金」を受給できます。

介護休業が必要になる場面（例）

- ・居宅介護支援事業所の選定
- ・居宅サービス事業者による家庭訪問への対応
- ・退院前カンファレンスへの出席
- ・退院手続き〜在宅介護開始初期の生活立て直し
- ・慣れるまでのサービス実施の立ち会い

介護休暇

必要なときにピンポイントで取得できる
介護関連の休暇

　常時介護を必要とする状態の対象家族を介護する労働者が、必要なときに機動的かつピンポイントに取得できる、1日単位または1時間単位の休暇のこと。取得可能日数は年5

日まで（対象家族が2人以上であれば年に10日まで）で、当日に電話で申し出をし、事後に申し出ることでも取得が認められます。事業主に「その日は休んでもらっては困る。別の日に変えてくれ」と時季変更する権限はありません。

介護休暇が必要になる場面（例）

- ・急変して緊急入院することとなった
- ・本人が体調を崩し、常時見守りが必要となった
- ・通院や往診への立ち会いが必要となった
- ・サービス担当者会議が平日に設定された
- ・市町村での手続きが必要となった

所定外労働の制限

定時の前・後の時間外労働を一切禁止

常時介護を必要とする状態の対象家族を介護する労働者について、所定労働時間を超えた労働を一切免除するしくみのこと。「所定労働時間」とは、事業所ごとに就業規則で定めている始業・終業時刻（いわゆる定時）から休憩時間を引いた時間のことで、労働者から免除の請求を受けた事業主は原則、終業時刻を1分でも超えて働かせることができなくなります。

1回の請求につき1か月～1年以内の期間、免除が受けられます。回数に制限はなく、必要なときに利用できます。

所定外労働の制限制度

【例】始業9時・終業17時（実働7時間）の会社の場合

【始業】9:00	12:00	13:00	【終業】17:00
就業時間	休憩時間	就業時間	所定外労働（残業）

請求により免除○

時間外労働の制限

週40時間超の残業の制限

常時介護を必要とする状態の対象家族を介護する労働者について、残業時間を一定範囲内に抑制するしくみのこと。労働基準法では労働者の労働時間は原則「週40時間・1日8時間」と定められ、それを超える労働（時間外労働）には通常の賃金の25%以上の割増賃金を支払う義務が生じます。その時間外労働を、原則「月24時間、年150時間を超えないように」制限をかけるというものです。

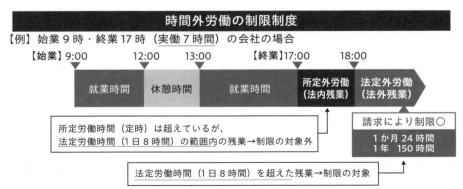

時間外労働の制限制度

【例】始業9時・終業17時（実働7時間）の会社の場合

【始業】9:00	12:00	13:00	【終業】17:00	18:00
就業時間	休憩時間	就業時間	所定外労働（法内残業）	法定外労働（法外残業）

所定労働時間（定時）は超えているが、法定労働時間（1日8時間）の範囲内の残業→制限の対象外

法定労働時間（1日8時間）を超えた残業→制限の対象

請求により制限○
1か月 24時間
1年　150時間

深夜業の制限

深夜労働の禁止

常時介護を必要とする状態の対象家族を介護する労働者について、深夜業（22時から5時までの労働）を免除するしくみのこと。労働者からの請求を受けた事業主は原則、深夜業をさせることができなくなります。

1回の請求につき1か月〜6か月以内の期間、免除が受けられます。回数に制限はなく、必要なときに利用できます。

5時

22時〜5時
の労働はNG

22時

短時間勤務制度等の措置

選択式の両立支援制度メニュー

常時介護を必要とする状態の対象家族を介護している労働者が、介護休業取得中以外の時期に利用できる、選択式の両立支援制度のこと。事業主は、以下の①〜④のうち少なくともどれか一つ以上を設け従業員が利用できるようにしておかなければなりません。

①
短時間
勤務制度

②
フレックス
タイム制度

③
時差出勤
の制度

④
介護費用の
助成措置

不利益取り扱いの禁止

介護休業等の取得申し出を理由とした不利益処分の禁止

労働者が介護休業や介護休暇を取得したり、時間外労働などの免除を受けたり、短時間勤務制度等を利用したり、あるいはそれらの申し出をしたことを理由として（契機として）、事業主が解雇、有期雇用契約の更新拒否、労働契約内容の変更の強要、減給、降格、不利益な人事考課など「不利益な取り扱い」をとることを禁じる、育児・介護休業法第16条に基づくルールのこと。違反に対しては労働局から行政指導が行われ、悪質な場合は企業名が公表されます。

介護休業給付

介護休業取得者に支給される雇用保険制度の現金給付

　介護休業の取得に伴う給与収入減少で家計にダメージが生じないように、雇用保険から支給される現金給付のこと。支給対象となるのは、「雇用保険の被保険者」であり、かつ、さかのぼって過去2年間のうち雇用保険の「被保険者期間」（賃金支払いの対象となった日が11日以上ある月のこと）が通算して12か月以上となる人です。

　支給額は原則として「介護休業開始時賃金の67％」。休業中に事業所から賃金が支払われる場合には、その賃金額に応じて減額調整され、休業開始時賃金の80％を超える賃金が支払われた場合には不支給となります。

　支給申請は介護休業終了後に、事業主を通じて行います（期限は休業終了翌日から2か月を経過する日の属する月の末日）。

介護休業を取得する人

介護休業給付を受給できる人

「過去2年間のうち雇用保険の被保険者期間が12か月以上ある人」が該当

介護休業開始時賃金の67％

カテゴリー

16

権利擁護

- 虐待
- 身体的拘束等の禁止
- セルフネグレクト
- 高齢者虐待防止法
- 通報義務
- やむを得ない事由による措置
- 成年後見制度
- 法定後見
- 任意後見
- 後見／保佐／補助
- 市町村長の申し立て
- 本人情報シート
- 日常生活自立支援事業

カテゴリー 16 権利擁護

殴る、蹴るなどの暴力

身体

年金などを勝手に使ってしまう

経済

心理

高齢者を叱りつける
・無視する

**放棄・
放任**

劣悪な環境
で放置

―――――― 押さえておきたいことばの一覧 ――――――

- 虐待
- 身体的拘束等の禁止
- セルフネグレクト
- 高齢者虐待防止法
- 通報義務

- やむを得ない事由に
  よる措置
- 成年後見制度
- 法定後見
- 任意後見

- 後見／保佐／補助
- 市町村長の申し立て
- 本人情報シート
- 日常生活自立支援事業

私たちは誰しも生まれながらにして人間らしく生きる「権利」を有しています。しかし、本人の心身機能の状況や判断能力の程度によっては、自らを守ることが困難となり、不当な権利侵害を受けるリスクが高まってしまいます。そこで、権利侵害を防止し、あるいは速やかに救済するために、高齢者虐待防止法や成年後見制度などのしくみがあります。

虐待
ぎゃくたい

尊厳を傷つけ、生存を脅かす行為

　人としての権利を侵害し、尊厳を傷つけ、身体的あるいは精神的苦痛を与えて生存を脅かし、あるいは社会活動、人間関係、暮らし・財産等に深刻なダメージを及ぼす行為。

　高齢者虐待防止法において、虐待は、①身体的虐待、②ネグレクト、③心理的虐待、④性的虐待、⑤経済的虐待の5種類にカテゴライズされています。ほかに虐待防止を目的として制定された法律には、児童虐待防止法、障害者虐待防止法があります。

身体的虐待	ネグレクト	心理的虐待	性的虐待	経済的虐待
叩く、蹴るなど暴力をふるい、身体に苦痛を与える	適切な世話をしない、必要な医療やサービスを受けさせない	無視する、怒鳴る・暴言を浴びせる、脅す、嫌がらせするなど	性的暴行、性関係の強要、ポルノなどの被写体にするなど	資産を使い込む、生活に必要な金銭を渡さない・使わせない

身体的拘束等の禁止
しんたいてきこうそくとう　きんし

生命・身体保護の目的以外の拘束は禁止

　介護サービスの利用者本人やほかの利用者の生命や身体を保護するためのやむを得ない場合を除いて、利用者に対する身体的拘束その他の行動制限を事業者等に禁じる規定のこと。入所機能や短期入所機能のある施設・事業所を対象に、「人員、設備及び運営に関する基準」で禁止規定が明記され、身体的拘束等の適正化のための措置として、①委員会の開催、②指針の整備、③定期的な研修の実施の3点を施設に義務づけています。

「生命や身体を保護するためのやむを得ない場合」とは

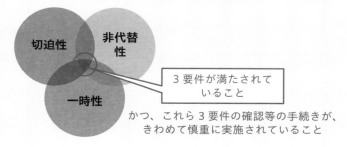

切迫性　非代替性　一時性　3要件が満たされていること

かつ、これら3要件の確認等の手続きが、きわめて慎重に実施されていること

セルフネグレクト

生きる意欲を失い、社会的に孤立し、セルフケアが困難となった状態

生活の保持、健康維持、住環境の維持のために、自分自身に向けてとられるべきメンテナンスが放棄・放任されている状態のこと。いわゆる「ごみ屋敷」や犬や猫等の多頭飼育などによる不衛生な状態も該当します。介護・医療サービスの利用や行政からのはたらきかけに拒絶的な姿勢をとるケースもみられます。食事や水分の摂取などを怠れば、生命にかかわり、死に至ることもあります。

高齢者虐待防止法の対象には含まれないものの、必要に応じて高齢者虐待に準じた対応を行えるよう体制を整える必要があるとされます。

高齢者虐待防止法
（こうれいしゃぎゃくたいぼうしほう）

高齢者虐待防止のための責務や権限を定めた法律

高齢者虐待の防止等に関する「国や自治体の責務」、虐待を受けた高齢者の保護のための措置、養護者の負担軽減等について定めた法律。国民全般に高齢者虐待にかかる通報義務等を課し、福祉・医療関係者に高齢者虐待の早期発見等への協力を求めるとともに、市町村に相談・通報受付体制の整備を促し、保護のための必要な権限を付与しています。

通報義務
（つうほうぎむ）

国民各人が等しく負う責務

虐待やDVを受けたと思われる人を発見した場合、速やかに通報（児童虐待の場合は通告）するよう国民（発見者）に課せられている義務または努力義務の総称。通報にあたっては、証拠も「本人の同意」も不要です。

虐待種別	主な通報（通告）先
高齢者虐待	市町村、地域包括支援センター
障害者虐待	障害者虐待防止センター
児童虐待	児童相談所、福祉事務所、市町村
DV被害	配偶者暴力相談支援センター、警察官

やむを得ない事由による措置
（えじゆうそち）

職権による短期入所等の保護

養護者（介護・養護にあたる家族や同居人）による虐待によって生命または身体に重大な危険が生じているおそれがあると認められる高齢者や障害者を一時的に保護するために、市町村が「職権」により実施する短期入所等の措置のこと。

「やむを得ない事由」は、虐待事案以外にも、「サービスの契約や利用申請の手続きが困難な場合」にも発動されることがあります。

成年後見制度

判断能力の低下した人の権利擁護を図るしくみ

　判断能力が不十分となった人が権利侵害に遭ったり、取引上の不利益を被ることのないように、財産管理・処分、遺産相続、福祉施設への入退所など、いわゆる「法律行為」の全般について、家庭裁判所の命令または事前の契約に基づいて、第三者が意思決定や手続きを支援したり、代行したりする制度のこと。家庭裁判所の命令によるものを「法定後見」、事前の契約によるものを「任意後見」といいます。

親族による使い込み　特殊詐欺　相続争い　悪徳商法　劣悪なサービス　不当な契約　成年後見人　成年被後見人（本人）

法定後見

本人の判断能力低下を受け、家裁に申し立て→後見等開始

　申し立てを受けた家庭裁判所が、本人の判断能力の程度や生活状況を把握したうえで、支援の類型（後見、保佐、補助）を決定し、支援にあたる人（後見人、保佐人、補助人）を選任し、権限を与えて、法律行為の代理、身上の保護、財産管理にあたらせるしくみのこと。法定後見の申し立てをできるのは、後見開始の審判を受ける本人、その配偶者、四親等内の親族、任意後見人等・成年後見人等、検察官、市町村長と規定されています。

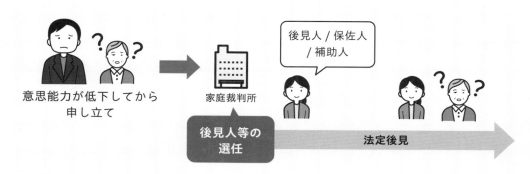

意思能力が低下してから申し立て　家庭裁判所　後見人等の選任　後見人／保佐人／補助人　法定後見

任意後見
にんいこうけん

事前に"意中の人"と契約し、判断能力低下→監督人選任で効力発生

自分の判断能力が低下する前に、法律行為の代理、身上の保護、財産管理を"託す"人をあらかじめ決めて「任意後見契約」を交わし、判断能力が低下してきたタイミングで開始される後見のこと。

任意後見契約は、公証役場の公証人が作成する「公正証書」で取り交わす必要があります。効力は、家庭裁判所に「任意後見監督人選任」の申し立てを行い、その選任をもって発生します。

意思能力が十分あるうちに契約 → 本人 任意後見人 公証役場

意思能力が低下してきたら、監督人の選任を申し立て

任意後見監督人 家庭裁判所

効力発生

契約・登記 → 任意後見監督人の選任 → 任意後見

後見／保佐／補助
こうけん ほさ ほじょ

本人の状態に基づく「権利擁護の必要なレベル」

法定後見制度では、本人の判断能力に応じて、「権利擁護のために後見人等に与えられるべき『権限』のレベル」を家庭裁判所が3択で決定することになっています。①「後見」はそのなかで最も重いレベル、②「保佐」は中程度のレベル、③「補助」は最も軽いレベルです。

①後見	常に自分一人で判断ができない状態にあり、日常生活に常に支援が必要な人
②保佐	時々自分一人で判断ができない状態にあり、日常生活のかなりの部分で支援が必要な人
③補助	物事によっては自分一人で判断ができない状態にある人

市町村長の申し立て
しちょうそんちょう もう た

身寄りがない人を対象とした、行政権限に基づく成年後見申し立て

判断能力に疑義がある人に身寄りがなく、親族による成年後見申し立てができない場合に、やむを得ず、市町村長が家庭裁判所に対して行う成年後見申し立てのこと。手続きとして、戸籍で親族の有無を調べ、そこで確認された親族に連絡を取って親族として後見審判を申し立てる意向がないかどうかを問い合わせ、親族による申し立てが期待できないことの裏を取ってから、家庭裁判所に申し立てをするため、後見開始の審判が下りるまで、長期間待たされることが多いとされます。

本人情報シート

「本人の生活状況・課題」について援助職が記したレポート

　成年後見制度の申し立てにあたって、本人・家族から依頼を受けたケアマネジャーなどの援助職が、本人の「日常・社会生活の状況」や「現在直面している課題」を詳細に列記して交付する文書のこと。医師の診断書作成や、家庭裁判所の審査において重要な役割を果たす資料と位置づけられています。

「本人情報シート」の作成依頼から提出までの流れ

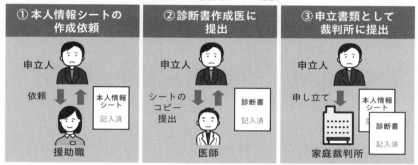

① 本人情報シートの作成依頼	② 診断書作成医に提出	③ 申立書類として裁判所に提出
申立人　依頼　本人情報シート 記入済　援助職	申立人　シートのコピー提出　診断書 記入済　医師	申立人　申し立て　本人情報シート 診断書 記入済　家庭裁判所
援助職が作成	診断の補助資料とする	審判の参考資料とする

日常生活自立支援事業

各種手続きが不安となった人向けの、社協の支援制度

　判断能力は一定程度あるものの、「一人で福祉サービスの利用手続きをするのは不安」「預金の出し入れや払い込みや重要書類の保管を確実にこなせるか心配」という認知症高齢者、知的障害・精神障害のある人を対象に、①福祉サービス利用の支援、②日常的な金銭管理サービス、③書類等の預かりサービスを行う公的支援のこと。実施主体は都道府県（指定都市）社会福祉協議会。専門員と生活支援員が分業して支援にあたります。

福祉サービス利用の支援	日常的金銭管理サービス	書類等預かりサービス
・サービスに関する情報提供 ・サービスの利用や変更・中止について一緒に考えながら手続きを支援 ・利用料支払いの手続きを支援 ・サービスに関する苦情解決制度の手続きを支援	・医療費、税金、公共料金等の支払い代行 ・年金、手当等の受領確認 ・日常的な生活費に関する預貯金の出し入れ	＜対象物＞ ・年金証書、預貯金通帳、不動産権利証書、契約書類、実印、銀行印など

·

17 他法・他制度

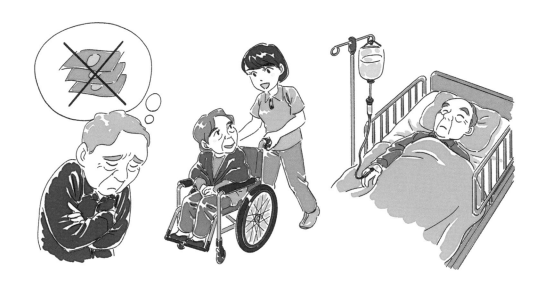

--- 押さえておきたいことばの一覧 ---

- 高齢社会対策基本法
- 老人福祉法
- 障害者総合支援法
- 介護保険優先の原則
- 新高額障害福祉
  サービス等給付費
- 高齢者医療確保法

- 健康保険法／国民健康
  保険法
- 高額療養費制度
- 保険外併用療養費制度
- 生活保護法
- 介護扶助
- 他法他施策優先の原則

- 生活困窮者自立支援法
- 生活福祉資金貸付制度
- フードバンク
- セーフティネット住宅
- 居住支援
- 第三者行為求償（交通事故）
- 介護（補償）等給付（労災）

介護保険制度は、他法・他制度と隣接しています。措置権の発動によるサービス提供・施設入所は「老人福祉法」で規定され、生活保護基準を下回る所得の世帯への介護サービスは「生活保護法」の規定するルールや流れに沿って提供されます。障害者が65歳に到達して介護保険被保険者となった場合は「障害者総合支援制度」との調整が必要となります。

高齢社会対策基本法
（こうれいしゃかいたいさくきほんほう）

老人福祉法や介護保険法の土台

　高齢化の進むわが国において、目指すべき社会のあり方を明らかにし、そのために取り組むべき施策（就業および所得、健康および福祉、学習および社会参加、生活環境等）の基本方針と、国や地方自治体の責務、実施体制を規定した法律。老人福祉法や介護保険法の「土台」となる法律です。施策の具体的指針となる「高齢社会対策大綱」の策定や、高齢社会対策に関する年次報告書（高齢社会白書）の作成を国に義務づけています。

老人福祉法
（ろうじんふくしほう）

介護保険の適用とならないケースでの「必要な措置」の権限を規定

　老人の健康保持と生活の安定のために必要な措置を行い、福祉を図ることを目的として制定された法律。老人福祉の理念、国や自治体の責務、措置権の発動によるサービス提供・施設入所（いわゆる「やむを得ない措置」）の実施体制と権限、老人福祉のための事業・施設に関する規制、有料老人ホームに関する規制、老人福祉計画の策定、「老人の日」および「老人週間」の制定などを内容としています。

障害者総合支援法
（しょうがいしゃそうごうしえんほう）

障害者総合支援制度のルールを規定

　障害のある人が尊厳をもって日常生活や社会生活を営むことができるように、必要となる障害福祉サービスの給付・地域生活支援事業やその他の支援を総合的に行い、福祉の増進を図ることを目的とした法律。障害者および障害児支援の理念、国や自治体の責務、障害福祉計画の策定などについて定めるとともに、障害支援区分の認定、市町村による支給決定、給付費の支給、財源、法の下で提供されるサービスとそれに対する規制など、障害者総合支援制度のルールを示すものとなっています。

訓練等給付	
就労支援	・就労移行支援 ・就労定着支援 ・就労継続支援（A型/B型） ・就労選択支援※
自立訓練	・機能訓練 ・生活訓練
居住支援	・自立生活援助 ・共同生活援助 （グループホーム）

自立支援医療
・更生医療 ・育成医療 ・精神通院医療

その他
・補装具

介護給付	
訪問	・居宅介護 （ホームヘルプサービス） ・重度訪問介護 ・同行援護 ・行動援護 ・重度障害等包括支援
日中活動	・療養介護 ・生活介護
施設	・短期入所（ショートステイ） ・施設入所支援

相談支援
・基本相談支援 ・計画相談支援 ・地域相談支援

※2022年12月16日から3年以内に施行予定

介護保険優先の原則

同種のサービスがあれば、「介護保険のサービスを使う」ルール

　ホームヘルプ、デイサービス、ショートステイのように、「障害福祉サービス」にも「介護保険サービス」にも存在するサービスについては、原則として介護保険のサービスを利用するというルールのこと。根拠は障害者総合支援法の第7条（他の法令による給付等との調整）です。

　ただし、原則はあくまでも「原則」であって、厚生労働省は「一律かつ機械的に判断しないように」という通知を市町村に発して注意喚起しています。

「介護保険優先」原則が適用される3サービス

障害福祉	介護保険
①居宅介護	①訪問介護
②生活介護	②通所介護
③短期入所	③短期入所
	生活介護

優先

介護保険被保険者

新高額障害福祉サービス等給付費

65歳を境に徴収されるようになった「1割負担」を"相殺"する給付

　「65歳の壁」の弊害を除去するために設けられた制度の一つ。それまで障害福祉サービスを「負担なし」で利用していた人が、65歳に達して介護保険サービスに切り替えられ、新たに利用者負担が発生した場合に、一定の要件を満たしていれば、その負担が"相殺"されてゼロになるように年単位で支給される給付。市町村への申請が必要。該当者には市町村から手続きの案内が届きます。

これで ±0

①1割負担　　②1割負担相当分を支給

介護サービス事業者　　障害福祉サービスを利用していた介護保険被保険者※　　市町村

※一定の要件を満たした者

高齢者医療確保法
（こうれいしゃいりょうかくほほう）

高齢者の医療保障制度やメタボ健診を定めた法律

　高齢者の医療保障のしくみ、40歳以上の人を対象とした特定健康診査（いわゆるメタボ健診）、医療費適正化のための国・自治体の取り組み、匿名化された診療報酬レセプトおよび特定健診等情報の利活用などについて、実施体制やルールを定めた法律。2008年に老人保健法が全面改正のうえ施行され、法律名も現名に改称されました。この法律により、75歳以上（一定の障害のある人は65歳以上）の人は、被用者保険でも国民健康保険でもない、後期高齢者医療制度というしくみで医療を受けることとなっています。

健康保険法／国民健康保険法
（けんこうほけんほう／こくみんけんこうほけんほう）

現役世代の医療保障制度を定めた法律

　健康保険法は「被用者保険」について定めた法律。被用者保険とは、会社や役所に勤める人が加入する公的医療保険のこと。一定の要件を満たした扶養家族も加入対象となります。

　国民健康保険法は「国民健康保険」について定めた法律。国民健康保険とは、被用者保険の加入者ではなく、後期高齢者医療制度の加入者でもない人を対象とした公的医療保険のこと。自営業者、パートやアルバイトで被用者保険には加入していない人、定年退職後で75歳未満の人、被用者保険には加入していない無職の人などが加入します。

高額療養費制度
（こうがくりょうようひせいど）

一部負担金が「著しく高額」とならないように限度額超えをカバー

　受診後に窓口で支払う3割または2割もしくは1割の一部負担金が著しく高額にならないように、暦月1か月単位（月初めから月末まで）で「自己負担限度額」を超えた分について、公的医療保険から加入者に対して支給される給付のこと。ただし、食事標準負担額や保険外のサービスを受けたとき（個室利用、高度先進医療など）に支払う料金等については、「対象外」となっています。

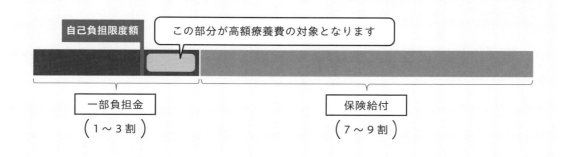

自己負担限度額
この部分が高額療養費の対象となります
一部負担金（1〜3割）　保険給付（7〜9割）

保険外併用療養費制度

特例として厚生労働大臣が認める
保険診療と保険外診療の「併用」

　わが国の医療保険制度には、「保険外診療」と「保険診療」を一緒に受けると、保険診療の分についても保険外診療の扱いとなり、患者は10割負担をしなければならないルールがありますが、例外的に厚生労働大臣の定める療養（①評価療養、②選定療養、③患者申出療養）に限定して「併用を認める」とする特例があり、これを「保険外併用療養費制度」といいます。

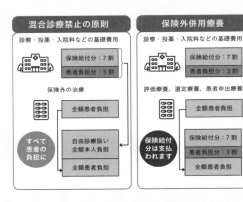

生活保護法

健康で文化的な最低限度の生活を保障

　生活保護制度について定めた法律。日本国憲法第25条の「生存権」の理念に基づき、国が生活に困窮するすべての国民に対し、その困窮の程度に応じて必要な保護を行い、最低限度の生活を保障するとともに、その自立の助長を目的としています。以下の四つの原理を掲げ、制度の実施体制やルールを定めています。

①国家責任の原理	②無差別平等の原理	③最低生活の原理	④補足性の原理
国がその責任を持って生活に困窮する国民の保護を行う	法に定める要件を満たす限り、理由を問わず無差別平等に保護を受給できる	健康で文化的な最低限度の生活を維持できる水準を保障する	各自が持てる能力や資産などあらゆるものを活用し、最善の努力をしても最低生活が維持できない場合に初めて生活保護制度を活用できる

介護扶助
かい ご ふ じょ

生活保護から出される介護の費用負担

　被保護者が要介護・要支援となったとき、または要介護・要支援の人が生活保護適用となったとき、他法他施策優先の原則に基づき、介護保険制度による給付で介護サービスを実施し、利用者負担分（1割負担）について、生活保護制度において費用負担すること。ただし、介護保険の被保険者資格を持た

ない被保護者（みなし2号）については、介護サービス費の10割が介護扶助として生活保護制度により負担されます。

　なお、生活保護制度には、被保護者の最低限度の生活を維持するための、①生活扶助、②教育扶助、③住宅扶助、④医療扶助、⑤介護扶助、⑥出産扶助、⑦生業扶助、⑧葬祭扶助という全8種類の「扶助」があります。

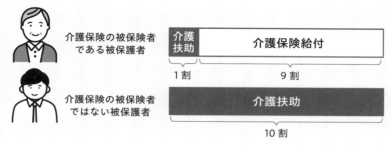

介護保険の被保険者である被保護者	介護扶助	介護保険給付
	1割	9割
介護保険の被保険者ではない被保護者		介護扶助
		10割

他法他施策優先の原則
た ほう た せ さくゆうせん　　げんそく

生活保護よりほかの法律・施策が優先する

　ほかの法律に定める保障が生活保護法によるあらゆる保護に優先して実施されるという決まりごと。最低限度の生活の維持に役立てられるほかの保障がある場合は、まずその給

付を受ける段取りをとって、それでも足りない部分を生活保護で補うこととされます。

　これによって、みなし2号の人が介護サービスを受ける場合は、障害福祉サービスが介護扶助に優先する運用になっています。

他法他施策優先の原則の例

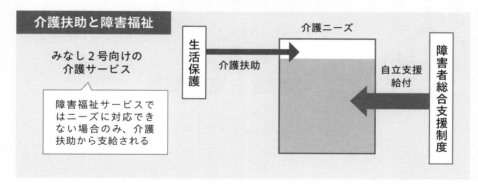

介護扶助と障害福祉

みなし2号向けの介護サービス

障害福祉サービスではニーズに対応できない場合のみ、介護扶助から支給される

生活保護 → 介護扶助 → 介護ニーズ ← 自立支援給付 ← 障害者総合支援制度

生活困窮者自立支援法

複雑化・複合化した課題に包括的な対応

　生活困窮者自立支援制度について規定した法律。同制度は、就労の状況、心身の状況、地域社会との関係性その他の事情が複数絡み合った、既存の縦割り制度だけでは対応困難な課題を抱えた人に対して、市町村を実施主体として、早期・包括的な支援を提供するしくみです。悩みごと、困りごとをワンストップで受け止め、課題を整理して、必要な支援に結びつけます。住まいを失った人・失うおそれのある人への現金給付など法定の支援メニューのほか、他法・他制度や地域の社会資源とも連携して、問題解決にあたります。

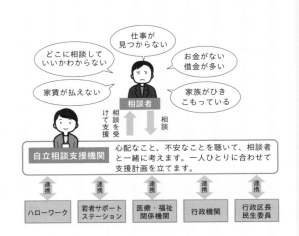

生活福祉資金貸付制度

社会福祉協議会による低利の公的貸付

　低所得世帯、高齢者世帯、障害者世帯を対象とした、低利の公的貸付制度のこと。実施主体は都道府県の社会福祉協議会で、窓口業務は市町村社会福祉協議会が担っています。一部の資金貸付で、生活困窮者自立支援制度との連動が図られ、相談を受けることが貸付要件となっています。

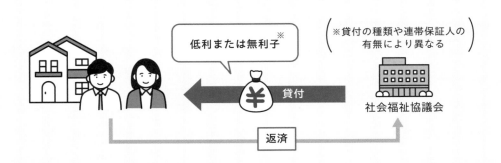

フードバンク

食品を譲り受け、施設や困窮世帯に提供

　各家庭や食品を取り扱う企業から、まだ安全に食べられるのに廃棄されてしまう食品を引き取り、必要としている施設・団体や生活困窮世帯に無償で提供する活動、またはその活動を行う団体のこと。

　生活困窮世帯に食品を配布提供する際に、併せて相談を受け付けたり、フードバンク運営に欠かせない配達や倉庫管理などの業務を「就労訓練」の場として活用したり、各家庭に眠っている食品の寄贈を呼びかける活動（フードドライブ）を通じて、地域共生への理解を呼びかけるなどの形で、社会資源化する取り組みも行われています。

セーフティネット住宅

住宅確保要配慮者を受け入れる

　「住宅確保要配慮者の入居を拒まない物件」として、家主が自主的に都道府県（政令市・中核市）に登録した住宅のこと。制度上は「登録住宅」といわれます。登録された物件はデータベース化され、国土交通省管理による検索・閲覧サイトで公開して、誰でも閲覧できるようになっています。

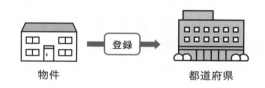

物件　　　　　登録　　　　都道府県

居住支援

住宅確保要配慮者の「住まいの確保」を支援する一連の取り組み

　高齢独居・障害・低所得などで賃貸住宅を借りにくくなっている人が、支障なく住まいを確保して、安心して住み続けられることを目的として行われる一連の「住まい確保支援」「見守り・生活相談・手続き支援」のこと。居住支援は、家主側にとっては「家賃滞納」や「孤独死」といったリスクを低減・回避させる意味を持ち、結果、入居可能な賃貸物件の供給拡大を促す効果が期待されます。

①入居前の支援	②契約にあたっての支援	③入居後の支援	④死亡後の手続き
・相談 ・アセスメント ・支援プランの作成 ・転居支援	・家賃債務保証 ・身元保証	・生活相談 ・定期訪問 ・緊急時の対応 ・地域社会への参加の誘導 ・就労に向けた支援	・諸手続き ・戸室清掃 ・葬儀の手配 ・残存家財処分

第三者行為求償（交通事故）

交通事故等で負傷した場合の
保険請求のルール

　交通事故や傷害事件等、第三者（加害者）によって負わされた傷病、またはその傷病を原因とする障害については、被害者に過失がない限り、相手方である加害者が全額医療費や介護サービス費を負担するものとされています。ただ、そうすると示談成立まで相手方から医療費や介護サービス費が支払われず、受療等に支障が出てしまうこともあるため、いったん、公的医療保険や介護保険が保険給付し、後日、保険負担分を全額加害者（交通事故であれば損害保険）に請求するという流れになっています。

　この最後の、医療保険者あるいは介護保険

者から加害者への請求のことを「第三者行為求償」といいます。

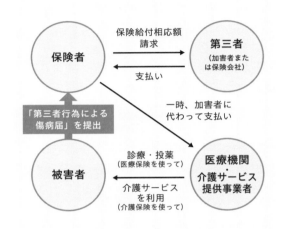

介護(補償)等給付(労災)

業務災害・通勤災害による要介護に
対する、労災保険からの給付

　労働災害によって、一定の介護を要する状態になった人に対して、介護サービス利用料に充てる費用として、労災保険から支給される現金給付のこと。業務災害の場合は「介護補償給付」、通勤災害の場合は「介護給付」と称します。病院や介護施設等に入院・入所している場合は支給されません。介護保険サービスを利用する場合は、労災保険給付が介護保険給付に優先します。

索引

〈著者紹介〉
福島敏之

総合社会保障研究所代表、社会福祉士。
東京社会福祉士会広報推進本部編集長。
蕨戸田市医師会看護専門学校非常勤講師（医療経済学）。
東京大学医療政策人材養成講座（HSP）修了。
社会保険専門誌および医薬専門誌の編集記者を経て現職。
社会保障全般、相談援助、介護報酬・診療報酬、労働などの各分野について
横断的に精通し、わかりやすい解説に定評あり。

これだけは押さえておきたい！
介護保険制度の用語事典

2023 年 9 月 1 日　発行

著　者 ──────── 福島敏之

発行者 ──────── 荘村明彦

発行所 ──────── 中央法規出版株式会社
〒 110-0016 東京都台東区台東 3-29-1 中央法規ビル
TEL 03-6387-3196
https://www.chuohoki.co.jp/

本文 DTP ──────── 長野印刷商工株式会社

装幀・本文デザイン ──── 次葉合同会社

本文イラスト ──────── 小松聖二

印刷・製本 ──────── 長野印刷商工株式会社

本書の内容に関するご質問については、下記 URL から「お問い合わせフォーム」にご入力いただきますようお願いいたします。
https://www.chuohoki.co.jp/contact/